犹太智慧典藏书系

智慧六讲

犹太人的精英教育

贺雄飞 著

世界知识出版社

“犹太智慧典藏书系”总序

人类一思索，上帝就发笑；人类不思索，上帝更发笑。

——作者手记

按照普遍的经验，人们对畅销书普遍推崇。某本书的销量一旦超过 100 万册，似乎就肯定了这本书的权威性和价值。然而，纵观人类的思想史和文学史，真理和经典常常不是按统计数字评定的。相反，众目睽睽之下，真理常常被贬抑和扭曲。从而使大众成为非常盲目的消费者，并降低了人类的创造力和追求完美的动力。犹太文学大师卡夫卡说：“假使一本书不能当头棒喝地敲醒我们，那读它有什么用？一本书该像一把碎冰斧，将人类冰封的心灵捣碎。”而犹太哲学家亚伯拉罕－海舍尔也说：“世界上还有什么东西可以跨越时空和距离，将人类联结在一起呢？只有文字是永远不会消失的。”《圣经》曾多次被人用火烧掉，但世界上的基督徒却越来越多。

现代文明已将人类的物质水平提高到前所未有的高度，但人类的幸福度增加了吗？我看未必，而且人类整体的道德水平和思想水平每况愈下。群体愈大，发展的速度愈快，生命的质量愈小。当罗马人造不出漂亮的建筑时，就把它建得很大。这种陋习沿袭至今，每个人的时间表上都排满了活动,简直是与马赛跑,但生活的质量和意义却没有提升。

有一名记者采访一位著名诗人：“你是什么时候决定做一名诗人的呢？”诗人指出这个问题问得不对，他说：“每个人天生就是诗人，我只不过重复别人做过的事罢了。真正应该问的问题是，为什么其他人会停止了呢？”因此说，多数人年龄越长，思想越僵化。当他们年轻时，对未来人生充满美好的憧憬；然而，到了中年以后，竟然对理想主义者嗤之以鼻，而对一些污秽、龌龊之事却习以为常。为什么会出现这种情况呢？以色列先知耶利米在《圣经－耶利米书》中说：“你若与步行的人同跑，尚且觉累，怎能与马赛跑呢？”在当今这个野蛮的物质主义时代，人们忙于应酬和娱乐，灵魂跟不上欲望的脚步，很少有人每天散步省察生命的意义，自然会变得大腹便便，却六神无主、麻木不仁。

2014 年 1 月 24 日，我在哈尔滨主持“犹太智慧商界领袖沙龙”，期间企业家们提问：“人活着的意义究竟是什么？”一位女企业家的回答是：“快乐。”我当时问她：“难道还有比快乐更快乐的事吗？”曾经，我在读一本书时发现，犹太小提琴大师梅纽因回答了这个问题：“生命的意义在于快乐，我的快乐就是分析作品，想象自己喜欢怎样去聆听；生命的意义在于将我们最迫切的需要升华成艺术，无论是生活艺术还是美食艺术。”梅纽因还说，人类还需要在快乐中不断学习，否则生命的终极意义便会离我们远去。任何人都无法预测死后会发生什么事情，永恒的生命不允许有未来。

我 20 年前开始研究犹太人，也开始了我的流浪生涯。大学毕业后，我分配回内蒙古自治区政府办公厅，然后下海流浪到海南儋州，历尽坎坷后又流浪到北京，在北京也先后搬了十几次家，不到一年搬一次。从 2014 年开始先是返回家乡鄂尔多斯，然后又流浪到包头和乌兰察布，今年则流浪在北京、乌兰察布和呼和浩特之间。我的女儿也和我一样，先是在内蒙，后来到了北京，然后又从中国到了爱尔兰，爱尔兰到了美国，美国到了法国，马上又要从法国到以色列求学。儿子也一直在颠沛流离的状态中成长，不间断地适应着各种不确定的状态和陌生的世界。

犹太哲学家维特根斯坦说：“一个哲学家的最终归宿是火车站。”这难道就是我和孩子研究犹太智慧的宿命吗？犹太人为什么要流浪？就是要寻找一个热爱诗歌，热爱法律，渴慕智慧和真理的地方，寻找一个和谐、幸福，没有雾霾，能实现伟大梦想的地方。

流浪不仅使犹太人越来越有智慧，也使犹太人向全世界布道，同时使犹太人吸取世界文明的精髓。这就是一个流浪者的心灵独白和思想札记，借以记录我 20 多年的研犹历程和前半生的思想收获。

感谢世界知识出版社的罗养毅副总编辑、汪琴副社长和所有责编，也感谢我弟弟贺鹏飞及字里行间书吧迅速让本书系付梓，同时为她插上翅膀飞向每一个热爱犹太智慧的读者的书架。有朋友和有智慧的人永远不会破产，与犹太人为伍就是与智慧同行。

1+1=11 或 111。是为序，与广大读者朋友共勉。

贺雄飞

2015 年 8 月 28 日于北京

目　录

第一讲　灵魂
没有灵魂的人永远不会忏悔

第二讲　品格
过有节制的生活

第三讲　智　慧
人类的全部尊严在于智慧

第四讲　道　路
问号代表一切

第五讲　真　理

捍卫生命的价值和尊严

第六讲　生　命

思想能不能烤出面包

第一讲 灵 魂

没有灵魂的人永远不会忏悔

当一个人成功地满足了本我和自我的需要以后，如果还没有对美、真理、正义进行探索的话，他就可能变得很空虚很无聊。因此，一个人是需要灵魂的，是需要超我的，是需要精神的。但人又不是十全十美的，人性中有很多原恶，最宝贵的精神是自省和忏悔。

灵魂的象征性动物是绵羊

灵魂究竟是什么，古往今来有各种各样的说法，可是要想给灵魂下一个定义还真是不容易。

我这样理解，灵魂就像一架钢琴。

钢琴的灵魂是什么？钢琴的灵魂是音乐。

灵魂是什么？我再打一个比方，一个没有灵魂的人就只是一个肉体，就像一个没卡的手机一样不能通话。同样道理，一个没有灵魂的肉体是不能跟世界通话的，手机有了卡就能跟外界通话了，卡就是手机的灵魂。所以从这个意义上说灵魂是有的，但看不见摸不着，只能形容。

我认为灵魂的标志性动物或者象征性动物是绵羊。

为什么这么说呢？

《塔木德》里有这样一则故事，故事说人类的始祖雅各在种葡萄树，魔鬼撒旦很奇怪，就问他："你种树干什么呀？"他说："我种树是想等树结出果实，好酿造一种液体能够给人类带来快乐。"然后魔鬼撒旦说："我也加入吧！"于是，魔鬼撒旦杀了四种动物，用血来浇灌葡萄树。魔鬼撒旦杀的是哪四种动物呢？第一种是绵羊，第二种是狮子，第三种是猴子，第四种是猪。从此以后，葡萄酒就诞生了。但是，由于葡萄树是用四种动物的血浇灌的，所以人们在喝酒的时候，最初喝上酒就像绵羊一样温驯，再喝的时候就像狮子一样开始吹牛，再继续喝就像猴子一样上蹿下跳，喝到最后就像猪一样肮脏，这就是人类酒的起源。

所以在中国，家人叮嘱你喝酒或者不喝酒都没有意义。因为人是活的，应场合的变化而定，该喝还是要喝，只是在喝的时候大家应该想到喝酒过程中的四个境界。第一就是绵羊，很温驯，很有礼貌，接着就成了狮子，最后就到猴子和猪境界了。所以大家要记住喝酒的时候，你喝到狮子的境界就不能再往下喝了，否则就变成猴子和猪了，狮子境界是最好的感觉。

所以，我认为灵魂的象征性动物是绵羊，因为它温驯，而且有自省能力。

中国人心目中的灵魂就是鬼魂

老实说，我认为大多数中国人没有灵魂的概念。按照中国儒家文化的传统，子不语怪力乱神，中国人心目中所讲的灵魂就是鬼魂。

那么，究竟什么是灵魂呢？我给灵魂下了一个定义：灵魂，就是一个人情感、良知、意志和精神的隐性体现，用英语说就是Spirit（精神）。《圣经》上说，神用地上的尘土造成人型，把气吹进它的鼻孔里，那人就成了有生命的活人，名叫亚当。因此从宗教的角度讲，灵魂就是附着在人的肉身上的来自上帝的气息。

我们可以想象，比如说人们常说的写作中的灵感，这灵感来源于哪儿？他必须要有一种上帝的气息，有一种神圣的气息，这个人才是真正有灵魂的人。“灵”的希伯来语原意叫 ruach，就是可以升降的气和风，后来引申为“血”，意味着生命或人的气质，指人的肉体死亡后仍然存留的东西，就是气质。

大家试想一下，再过几十年，可能我们都不活着了，如果是一个普普通通的人，可能死后谁也不会记下他的名字，但是有一个人，他留下了他的智慧和思想，那么他就留下了灵魂，他的灵魂还活着。就像马克思，就像弗洛伊德、爱因斯坦，这些人将永远活在我们的心中。比如我们平常说的，这个女子为什么那么有气质呢？就是她有某种精神，这种精神既可以描述又无法描述。那么我们又说了，这个女子长得特别漂亮，但是没有气质，那就是说没有精神，就是没有灵魂。没有灵魂可以让一个活物看起来就像死的东西，所以说灵魂这个东西是很重要的。

没有灵魂的人是可怕的

犹太人的教育智慧，首先就是引导人们灵魂和心灵的升华。因为犹太教中所有的律法都是情感的产物，引导人趋向善良、正义和上帝。

我们目前的教育体系中可能没有任何一门课是培养灵魂的教育。这个问题比较复杂。哲人亚里士多德也谈到过灵魂和肉体的关系，肉体的生存即灵魂的生存，灵魂是生命的委托者和主人。

当然这是一个永恒的话题。那么，灵魂的本质是什么？灵魂的本质就是利己、良心和自省，因为只有有自省能力的人，才是真正的人。本我就像弗洛伊德说的那样，人的本我就是指人的本能。自我就是人格的积极控制、观察以及学习的功能和人的社会属性。超我是一个人在成长过程中所习得的道德理想、社会戒律和规范。每个人都应具备本我、自我和超我。

按照马斯洛的理论来说，人存在的核心是充分发挥人的潜能，对于食物、水果这样的物质需求是人的本我，然后对生活和安全、荣誉的需求是自我，对社会的价值和意义的需求是超我。明白了每个人都具有这三种东西，研究一个人应该成为一个什么样的人就简单了。

当一个人成功地满足了本我和自我的需要以后，如果还没有对美、真理、正义进行探索的话，他就很可能变得很空虚、很无聊。因此，一个人是需要灵魂的，是需要超我的，是需要精神的。但人又不是十全十美的，人性中有很多原恶，最宝贵的精神是自省和忏悔。自省是对社会和他人，忏悔是对上帝和造物主。一个人一旦有了自省的精神以后，他就会对现实具有更强的洞察力和审视能力，思想情感以及行为就具有更大的社会性，并且能够以问题为中心，对社会产生更多的神秘体验，从而上升至宽厚的人文情感，并产生民主的性格以及强烈的道德感。

所以，没有灵魂的人是可怕的。

金贝克：我错了

前段时间，我看了一本书名叫《我错了》。这本书的作者，是美国的一个牧师叫金贝克。20 世纪 80 年代末，他办了个福音教会，这个教会最辉煌的时候每年得到的捐款就在 1.6 亿美元以上，当时下设很多五星级宾馆，每家宾馆光客房就 500 多间。金贝克的夫人叫黛咪，长得非常漂亮，他们共同主持一个电视脱口秀节目，非常火爆，深受欢迎。当时美国的各大电视台每天都放他们这个节目。在他们事业最辉煌的时候，据说美国的几个总统，比如卡特，在竞选的时候都去找他，目的就是希望得到金贝克的支持，可见金贝克当时的社会影响力有多么大。那些总统和基督教人士对他都非常尊重。

就在这个时候，他的夫人出了轨，跟另外一个男主持人有一点暧昧关系。虽然是牧师，金贝克还是不能接受这个现实，这件事情导致他们夫妻关系不和。为了报复妻子，有一天他接受了一个女演员的约会，他们一起吃了饭，两人聊得特别开心，之后就去开了房。

据金贝克后来说，当时他和这个女演员在房间里只发生了15分钟的故事，而且也是这个女演员自愿的。谁也想不到，就是这15分钟的故事导致后来发生了一系列的后遗症。

在发生了这个事情之后金贝克内心很痛苦，因为他要面对那么多观众，去给人布道。每当他站在上面跟人们讲人的道德和责任的时候，他就想到了这个事，他就想：我自己现在仍然自私、撒谎、懒惰，我有什么资格给大家讲课？我天天跟人家讲：我的是我的，你的是你的，这是普通人；我的是你的，你的是我的，这是愚蠢人；你的是你的，我的也是你的，这是圣人；我的是我的，你的也是我的，这是坏人。结果我老想把你的当成我的，这个时候我还有什么资格去给大家布道，去讲课呀？

看到这里我在想，我们有的学者、老师、教授，天天给别人讲《论语》，讲《圣经》，讲这个讲那个，自己在品德上都应该接近或追求完美。因为这是一种布道，不仅仅是一门课程，不是你是专家学者你懂这门课你就有资格讲。而是你本身就应该是一个践行者，你在讲你的理论的时候必须跟实践相结合，所讲应该是你自己能够奉行的。如果连你自己都不奉行或做不到，你给人家讲你就等于是在撒谎。

正如金贝克在这本书里讲到的那样："我可以欺骗别人，认为别人不知道我的行为。但是每当夜晚我躺在自己的床上，面对上帝和自己的良心和灵魂的时候，我还能骗我自己吗？我能告诉自己，我跟这个女人没有上床吗？我能告诉自己，我没有犯罪吗？"他很痛苦。所以他后来找其他牧师给他进行心理治疗，但心理治疗也解决不了问题。一个伟大的牧师竟然做出这样的事，这是不能被上帝原谅的。

两个月以后，那个女的去揭发他，说金贝克强奸了她。这个时候，他们教会的财产还很多，教会里有另外一个牧师，是个很不地道的人。就是这个牧师，一直想抢夺金贝克在教会里的位置，于是就借机把这个事给炒大了。结果大家可想而知，金贝克因此一夜之间身败名裂。

接着他内部的人搞他，对他进行法律起诉，除了强奸以外还起诉他贪污公款 1.6 亿美元，于是法院就把他抓起来，一纸判决判了他 45 年有期徒刑。就这样，一个曾经跟总统称兄道弟非常受人尊重的伟大牧师，一夜之间就成了阶下囚。

进了监狱的金贝克在最初的时间里，几乎每天都是以泪洗面。他想，人人都说我是上帝的仆人，我为上帝服务，为什么我现在进了监狱上帝却不关照我呢？

他非常痛苦，同时开始反省自己，并主动要求去打扫厕所。因为在监狱里，犯人如果每天干别的活的话就要劳动一整天，但是打扫厕所只需要每天上午工作 4 个小时，打扫完下午就不用劳动了。他为了能有时间看书，愿意每天上午打扫 4 个小时厕所。想想看，一个曾经显赫一时的伟大牧师在监狱里打扫厕所，而且整整打扫了 4 年，那是一种什么感觉？

所以金贝克说了这样一句话，他说，以前我虽然是牧师，但是我并没有真正认识上帝，只有在监狱里进行灵魂反省的这些日子里，我才真正认识了上帝，但是上帝可能再也不会理我了，他已经抛弃我了，因为我曾经抛弃过他。

他很痛苦。美国的监狱跟中国的监狱不同，虽然生活条件还不错，但是同性恋特别多。有一部美国大片叫《肖申克的救赎》，里面安迪就被同性恋强奸了两回。金贝克也是，常常受到同性恋的骚扰，想到这个事他就恐惧得受不了，一度想到过割腕自杀。这时候，美国的一些牧师就来看他，安慰他，还有好多人给他写信安慰他。

这还不算，比这更让他痛苦的还有另外两件事。

第一件事情，他 13 岁的儿子由于受不了父亲坐牢这个打击就出去流浪了，而且这么小就跟一个女孩同居；还有他 19 岁的女儿也跟别人私奔，结婚生孩子去了。第二件事情，他的夫人黛咪，在他刚进去的时候每天还跟他通话（美国的监狱跟中国不一样，犯人每天都可以跟家人通话），他还有点安慰，但是过一两年以后发现话越来越少。那时，他最好的朋友陪着他夫人一起帮他上诉，想翻案说他是被冤枉的。后来有一天他的夫人跟他说，要跟他这个所谓的最好的朋友结婚了。

事情至此，一个曾经非常幸福的家彻底破裂了。在这种情况下，金贝克该怎么办呢？他每天在反省，每天都读《圣经》忏悔，问上帝会不会抛弃他。

上帝没有抛弃他。他的这个案件在美国引起了巨大的轰动，后来有几位律师出面为他申冤，甚至连哈佛大学的法学教授也站出来研究他这个案例，觉得这样对待这个牧师是不对的。美国这么完善的法律对这样一个还不能确定罪名的“犯罪”，怎么能判 45 年呢？于是发生了后来的两次开庭。

第一次开庭原以为他可以被释放了，结果改判为 18 年；第二次开庭哈佛大学的教授为他辩护又改为 8 年，8 年他已经坐了 4 年，再坐 1 年牢就可以被保释出去了。就是说金贝克因为一场“一刻情”导致妻离子散，还无端坐了5年监狱。

这中间又发生了几件事。金贝克的女儿来看金贝克，女儿很好，为他生了一个小外孙。儿子跟那个女孩同居了几年后也觉得很无聊，便回来了，这时候儿子已经十六七岁了。儿子来看他，跟他整整待了一天，他觉得特别温暖。儿子说是在他最忙的时候他几乎每天都没有时间陪儿子，现在儿子跟他说："爸爸，我平生最大的愿望就是，有一天能够就像今天这样，我依偎在你的怀抱里，腻着你体会一下真正的父爱。"

在座的各位，试问天下的父亲，听自己的儿子讲出这样的话的时候，多少父亲还不得赶快回家陪儿子啊。现代社会的生活节奏太快了，我们有多少人就是没有时间陪家人，一个月连一天的时间都抽不出来陪自己的孩子！孩子是需要爱的，是需要父母的爱的。

当父子再次相见，儿子问他爸说："听别人说我妈妈跟别的叔叔好上了，要跟你离婚是真的吗？"金贝克说："不是，她没有说，我不知道。"最后儿子问他妈了，他妈告诉儿子说是真的，然后儿子说要跟妈妈断绝关系。他恨妈妈，恨妈妈不该在爸爸最痛苦的时候抛弃了他。对儿子的责怪，妈妈解释说："你还小，我不作解释。"

就在这个时候，金贝克的敌人——就是之前陷害他想要取代他位置的那个牧师也开始忏悔了，他很痛苦，提出要来看金贝克。他就跟儿子说了这个事，他问儿子见还是不见，儿子坚决不同意见那个牧师。然后他跟儿子说 ：“这样吧，要不你替我去见这个叔叔，在见到这个牧师叔叔以后，你认为爸爸值得和他见面的话，那么爸爸就再见面 ；如果你认为不值得的话，爸爸就不跟他再见面。”儿子同意了，于是就代替金贝克跟这个牧师去见面，见面后他的儿子对这个牧师进行讨伐。他说：“是你破坏了我们的家庭，让我爸坐牢，从小让我失去了父爱，让我爸妻离子散家破人亡。”儿子指责了整整两个半小时，这个牧师一句话也没有说。骂完了，他的儿子对牧师说 ：“叔叔，谢谢你，让我能够宽恕你。”因为他骂完以后发现自己的内心特别地舒坦，他把积压已久的愤怒发泄完了，然后告诉那个牧师 ：“我已经原谅你了，我已经宽恕你了。这是因为我爸爸在我临来的时候告诉过我一句话，他说我们如果不宽恕我们的仇敌的话，将来上天堂的时候，上帝就不会宽恕我们。”

这就是宽容的本义。如果没有信仰，让你去原谅你的仇人你行不行？有没有这种可能？什么时候我们才能宽容仇人？但是因为有了信仰的存在，他的思想发生了变化。他想啊，我现在不宽容我的仇人的话，将来走向天堂的时候上帝也不宽容我。他儿子也因此得到了成长。

这就是金贝克的故事。后来金贝克又出来布道了，有感于他自身的这些经历，他写了一本书叫《我错了》。他在书中说，第一，错了的是我，是我忘记了自我的反省和忏悔；第二，上帝原谅我了，我原来以为上帝抛弃我了，其实上帝没有抛弃我，而是成全了我，中间发生的所有的事情都是上帝在考验我。金贝克的证道是非常有震撼力的。

因此，反省和宽容的品质对于一个人是很重要的，每个人都应该有这样的品质。为什么我们一再提倡社会和谐呢，就是因为人与人之间缺乏理解和宽容，社会才变得不和谐。

最近呼和浩特在修路，经常堵车，很多人没有耐心，对此很是愤怒，不停地抱怨。我也遇到了堵车，甚至差点都误了飞机，我就一直没动怒，因为这个时候我就在想，要宽容啊，这是需要相互理解的，同样是堵车，我心情就很平静，不会因此抱怨和烦恼，因为我宽容这个世界。

再举个例子，第二次世界大战的时候德国和美国都在制造原子弹，如果当时是德国首先研制成功的话，那么今天的世界格局肯定不是这样。当时德国有一批伟大的物理学家，像卢瑟福、海森堡、爱因斯坦等，一个个都是重量级的物理学家，但是德国为什么就没有研究出原子弹呢？其重要原因，就是他们对原子弹研究的投入不够，德国投入了几十万块钱，投入几十个人；而美国呢，罗斯福总统投入几百万美元，在爱因斯坦的建议下成立了洛斯阿拉莫斯实验室。洛斯阿拉莫斯实验室动用了几十万人，投入 20 亿美元的资金去研究。洛斯阿拉莫斯实验室 33 名科学家里有 27 个是犹太人，像奥本海默、特勒这些人都是天才，当时被德国赶走了，所以希特勒才失败了。因为希特勒反犹，至少有 2600 名犹太教授先后逃到美国，后来这些人当中有 27 人先后获得诺贝尔奖，而且成为美国斯坦福大学、哈佛大学、耶鲁大学等名校物理、化学、数学等学科最牛的教授。犹太人在这些领域里都是顶级的。

还有就是当时发明原子弹"铀 235"制造炸弹的时候，需要用到减速剂：一种是石墨，石墨用得很少；一种是重水，用量很大。德国人用的是重水，结果让英国间谍给炸了。他们又在挪威建重水厂，又被英国间谍给炸了。所以，最后德国就没有成功。如果德国当时也造出原子弹，后果不堪设想。

关于原子弹研制之谜，也有传说就是德国物理大师海森堡等人，为了反对纳粹故意消极怠工。1945 年美国人在日本的广岛和长崎投了两颗原子弹，一颗叫小胖子，一颗叫小男孩，当原子弹爆炸后蘑菇云升起的时候，爱因斯坦倒在沙发上痛苦地大叫一声，他觉得他对人类犯了罪。爱因斯坦这个人非常了不起，他绝对是天才，他不仅是物理学家，还是教育家，也是思想家，而且小提琴拉得非常好，值得称赞的是他的自我反省意识。爱因斯坦说："我每天成百上千次地提醒自己，我是不是过多地占用了别人的劳动成果？自从出名以来我变得越来越笨。"

当然这是一种社会现象，很多人一成名就变得离自己越来越远，变得不知道自己是谁了。

哈佛大学教授抄袭事件

近期又发生一个抄袭事件，就是汪晖抄袭事件。南京大学王彬彬教授批评清华大学教授汪晖，说他的著作有抄袭现象，汪晖基本上没说话，后来听说他要起诉王彬彬。我们的大学其实还是没有慎重对待这个问题，也缺乏这方面的经验。汪晖抄袭事件里有一个引申出来的重要问题，就在于什么是抄袭，什么情况下我们才可以引用别人的思想。我自己也写书，我引用别人多少材料才不算抄袭，这个必须要规范化，否则汪晖抄袭这个事件就白白发生了，因为对这个事件的处理没有带来多少社会教育意义。

美国哈佛大学曾发生过这样一件事情：哈佛大学法学院有一个教授叫却伯，这个人是一个犹太人。哈佛大学总共有19个终身荣誉教授，却伯就是其中之一。他是现任美国总统奥巴马的老师，奥巴马是他的得意门徒。另外，他还是美国哈佛大学排名第一的著名宪法学教授。却伯与中国有一个渊源，那就是1941年出生于上海。但是，2004年10月风云突变，美国保守派喉舌《旗帜》周刊指控却伯教授抄袭别人19个单词，而且是板上钉钉无可辩驳。这个时候，第一，这位却伯教授站出来真诚向学术界致歉。第二，哈佛大学的第27任校长萨默斯及法学院院长卡根教授，他们也都是犹太人，宣布成立由哈佛前校长博克牵头的三人委员会，对此事进行了半年的调查，最后认为他是学术违规，不构成抄袭。虽非有意为之，引用了别人19个单词，只是没有注明出处，不予处罚。但是这个事件对却伯教授有很大的影响，那就是他永远无缘成为美国的终身大法官了。

第二讲　品 格

过有节制的生活

犹太教有这样两句格言：一句是，“人类一思考，上帝就发笑”；第二句话就是，“不经过节制的生活是不值得过的”。

野蛮的物质主义时代

刚才提到了一个人的品格，品格的体现就是任性，或者宽容和节制。就是说一个利己和自私的人一定是任性的，一个有良知的人一定很宽容，一个有自省能力的人一定有节制。

伟大的古希腊哲学家苏格拉底说过这样三句话：

第一句话，认识你自己。每一个人最难的是真正地认识自己。

第二句话，不经过审视的生活是不值得过的，或者还有翻译成这样的：未经省察的生活是不值得过的。

第三句话，我知道自己的无知。因为知道自己无知的人才能变得真正有知。人类最大的可悲之处就在于不知道自己的无知。

犹太教有这样两句格言：一句是，“人类一思考，上帝就发笑”；第二句话就是，“不经过节制的生活是不值得过的”。

因此，我对当下的这个时代有一个定义：这是一个野蛮的物质主义时代。很多人都在想着不择手段地去发财。有一套80平方米两室一厅的房子，还希望得到一个130平方米的大房子；当得到130平方米的大房子时，还希望买别墅；有一辆QQ还想换桑塔纳，有桑塔纳还想换别克，有别克还想换奔驰。也就是人的欲望是无限的。

我的家乡是内蒙古鄂尔多斯。我有一次听朋友说，有一个老板家有六口人，买了六辆高级豪华车，奔驰、劳斯莱斯、宝马……全是好车，但是这六口人没有一个人有驾驶执照。他们把马卖了以后把钱当扇面扇着，而且你想象不到他们富裕到什么程度。我有个亲戚，和朋友约好晚上七点半在东胜大酒店门口聚会一起吃饭，结果人到齐了以后，有人说：“我们这么有钱，在东胜大酒店吃饭有什么意思，干脆咱们到北京吃去吧。”

众人都附和说好啊，于是马上打电话到机场订票，一帮人就坐了飞机去北京吃饭去了，吃完饭又坐晚班飞机回到了鄂尔多斯。

人生的三大悲剧

鄂尔多斯变成了这个样子，所以我说这是一个野蛮的物质主义时代。因为那些暴发户几乎都没有经历过人生的任何苦难。首先从佛教上讲，人生命运的核心是悲苦和无常，就是“四法印”，即诸形无常、诸漏皆苦、诸法无我、涅槃寂静。小我应该上升到大我，最后人要经过六道轮回，只有涅槃才能超越轮回。因此，肉体上的欢乐其实是非常短暂的。

从宗教和哲学的角度来说，每个人都有无法超越的三大悲剧：

第一个悲剧就是苦难。谁都要经受苦难，突然一夜之间发生了地震，所有财富都没有了，突然一夜之间出了意外车祸可能就进入苦难，突然一夜之间老婆跟别人跑了，也是一种悲剧。各种各样的悲剧，随时可能发生，这种苦难是谁也不能幸免的。真正幸运和幸福的人不多。

第二个悲剧就是罪恶。宗教认为人是带着罪恶来到世上的，世上每个人都这样，这个问题前面我已经说过，这里就不讲了。

第三个悲剧就是死亡。你再有钱也要死亡，没钱也要死亡，所以在死亡面前大家非常公平。

我曾经写过一本书叫《傻瓜书》，讲“犹太式幽默”的智慧与思想，我送给一些人看过。我在这本《傻瓜书》中写了德国著名犹太作家托勒尔讲过的一个故事。在剧本中他写了一个叫亨克曼的人，亨克曼是一个犹太人，退伍军人，他有个未婚妻并且马上他俩要结婚了，他想在圣诞节前夕给未婚妻表达一下自己的心愿，送一个礼物给她。可是他没有钱，找不到工作，当时很多失业的人都找不到工作，最后他找了一个工作是什么呢？找到一个马戏团，当众表演生吃活老鼠，因为群众是喜欢流血的。这是穷氓的时代，群众是喜欢热闹的，喜欢看流血。一个人咬着活老鼠吃，这是什么感觉？可他还是干了，就是为了挣钱。他有一个朋友喜欢他的未婚妻格雷特，他这个朋友想勾引格雷特，就领着格雷特去看他的表演，然后跟他的未婚妻说：“你的这个亨克曼当众表演吃活老鼠，多么下贱啊！亨克曼已经丧失性功能了，他在战场上残废了，不要跟他结婚。”听到这句话，亨克曼的自尊心受到了极大的打击，当时就晕倒在舞台上。亨克曼终于赚到了钱，送给他的未婚妻一件特别的礼物。

他的未婚妻打开礼物一看，是一个人造的生殖器，这就是亨克曼想送给未婚妻的礼物。最后这两个人举行了婚礼之后，就在一旅馆双双上吊自杀。

这是个悲剧，很多人在失去尊严的时候不能自拔，超越不了。苦难、罪恶和死亡，是人生的三大悲剧，任何人都无法幸免。只有那些寻找精神超越的人，才能真正战胜苦难、罪恶和死亡，并在战斗过程中充满快乐和幸福，从而真正体现生命的价值。

我曾经写过一本书叫《谁为孩子的明天负责》，书中有一篇文章，我说我要跟所有中国出教育辅导书的专家，尤其是讲怎么样写作文的教师叫板，我可以跟他们赌 10 万元。请在座的诸位朋友给我们出题，现场写一篇作文让大家打分，如果这篇文章我输给他了，那么我愿意付这 10 万元，我认为我的作文一定会超过他们。为什么？因为我研究过很多作文专家，无非是告诉你怎么写，怎么记事，怎么有中心思想，基本上还是技术。还没有到写真情实感和表达自己思想的境界，作文怎么能写好？

我现在给你出作文题，第一篇，你们家的房子突然之间被拆迁了，你会怎么办？第二篇，当你是杨媛媛的时候你会不会自杀？第三篇，当你是邓玉娇的时候，你会不会拿刀子捅向这个污辱你的人？你去找工作了，有男人要污辱你，你会不会拿刀子捅他？写这样一些作文，就需要丰富的社会知识，需要法律常识，需要心理学知识，需要深刻的思想，如此才能把文章写好。

昨天晚上，我看了一本书叫《学生为什么不喜欢上学》，是一个外国人写的。他说记忆有两种，一种是死的记忆，另外一种就是长久记忆。那种永久的记忆铭刻在你心里，你永远也不会忘记。上学的第一天或者某个特别的日子，你永远也不会忘记。但是当别人告诉你的事，你都忘了，我们所学的知识绝大多数是这种容易被忘记的死知识，死记硬背，形不成永久的记忆。记忆更重要就是理解，而且能够把这些理解变成思想和血肉那才是你的，否则就还是别人的。

中国教育最大的一个问题是，课堂和社会严重脱节，孩子们体会不到什么是真正的生活。

人类的自我毁灭

罗素先生说过，只有讨论才能让我们交换智慧，如果争辩的话就是瞎抬杠。公说公有理，婆说婆有理，这就是在交换愚蠢。中国改革开放 30 多年来，GDP 是在增长，但是另外一方面，出现的社会问题太多了，诸如堵车这类的事情。前几天我回家乡一趟，我们的公路上连续两次暴堵了整整 21 天，当时我朋友乔祥飞告诉我走大同绕过去，我还纳闷这家伙怎么告诉我这么一条路，显然绕道了嘛。后来我告诉别人，人家说你太幸福了，好多人在路上堵了 21 天。

2010 年 9 月 1 日，我去爱尔兰送女儿上学的时候，爱尔兰学校的校长听我介绍自己是内蒙古人，马上问我："听说你们内蒙古堵车堵了 21 天，是怎么回事呀？"连爱尔兰人都知道内蒙古堵车了，还堵了 21 天。为什么堵车？与汽车的增加以及道路管理有很大的关系，另外鄂尔多斯的拉煤车太多也是造成堵车的原因。因为大同的煤快被拉光了，现在开始拉鄂尔多斯的，供给南方发电，鄂尔多斯人靠的是挖煤和盖房发财。所以爱尔兰校长问我说，你们的 GDP 都世界第二了，怎么还堵车？他不理解，我也不知道怎么跟人家解释，真不知道。

我到爱尔兰，看人家都是单行道，马路两边都是二层房子，或者三层的小洋楼，非常漂亮。我从宾馆坐大巴穿过柏林市区，到机场只有 40 分钟，除了红绿灯，不堵车，管理得井井有条，人家才叫幸福。而我们，你是买了车了，但是一堵堵好几个小时，堵 20 多天，不可想象。原来我们回老家农村的时候，还有小河、鱼、小树和田野，天空非常蓝，但是现在都是大卡车，都是尘土和煤渣子、汽油，都是汽车修理厂，没有一点美感。如果说中国现代化就是这样一种现状，真是让人忧虑。

鉴于此，我有个朋友写了一本书叫《人类的自我毁灭》，他预测如果继续这样下去，人类再有 100 年就要灭亡。还有人说 2012 年人类会灭亡，当然还没那么快。但是 100 年可就难说了，因为对于人来说，最重要的就是生活环境，空气和水。你比如 20 世纪六七十年代的时候，我们都得过一种病叫蛔虫病，但是现在没有这个病，我告诉大家为什么没这个病了，因为我们的肚子吃的化肥农药太多。蛔虫对环境要求太高了，当时没有农药污染，没有化肥，所以蛔虫能生长，现在人的五脏六腑都太脏了，所以蛔虫就灭绝了。想想我们吃的东西，西红柿都是福尔马林泡出来的，真是太可怕了。

前两个月我到以色列农场，虽然一棵西红柿苗能长六百个西红柿，但是人家用的科技比我们要发达，人家不采用化肥农药的方式。人家科学都研究什么呢，研究怎么样培养出益虫，让益虫把害虫吃掉，研究动物的天敌。

有一种害虫叫果蝇，它们的繁殖能力特别强。以色列科学家们就让公果蝇跟母果蝇进行频繁交配，交配完了它就没有生殖能力，慢慢消亡了。我就奇怪怎么能培育出那么多公果蝇呢，人家就是用这个卵去孵化，孵化完以后发现公的和母的对温度的适应能力不一样，公果蝇温度高的时候没事，母果蝇只要环境温度超过 20 摄氏度就死掉了。于是等果蝇孵出来后就把温度升高，然后母果蝇全死掉了，只留下公的。最后把公果蝇放出来，跟母果蝇交配，交配完以后生殖能力就下降了，这样害虫自己就慢慢消亡了，人家不用化肥。同样是科学，这种科学对人类是有意义的。

男人一生的七个变化

话题再回到人的品格，我认为品格的象征性动物是狗。为什么说是狗呢？

《塔木德》中有一个故事叫《男人一生的七个变化》：一岁的时候，你是国王，全家人都在哄着你，供着你；两岁的时候，你就成了一头快乐的小猪，满地摸爬滚打；九岁的时候，就是天真的无忧无虑的小羊羔；十八岁以后就是一匹马，向全世界宣告自己的力气有多大；那么结婚以后呢？就是一头驴，开始拖着家庭的重担慢慢往前走；中年的时候就像一条狗，为了生活到处摇尾乞怜，混口饭吃；老迈之后就是一只猴子，性格与孩童无异，但是再也没有人理你了。其实，我们每个人生活在这样的一个世界，就像一条狗一样在为生活奔波着。我说品格的象征性动物是狗，一方面狗是对人类最忠诚的动物，另一方面是由于人们喜欢忠诚和品格好的人。

第三讲　智　慧

人类的全部尊严在于智慧

所谓智慧就是一个人在生命中所体现出来的知识、技能、洞见和才智。智慧的三大范畴就是洞见、理性和谦恭。

关于智慧的两则笑话

法国伟大的思想家蒙田说过："我喜欢怀疑不逊于肯定。因为，倘若学生能够通过思考来掌握色诺芬与柏拉图的观点，那么，这些观点就成为他自己的了。"他还说过："我希望能特别注意给孩子物色一名头脑多于知识的老师，若能两者兼而有之的话，这更好，若不能的话，那宁可选择品德高尚、判断力强的人，也不要找一个只有学问的人。"

我今天要讲这课，核心思想就是人类的全部尊严在于智慧。那么什么是智慧呢？智慧的象征性动物就是猴子，猴子是最聪明的动物。

先讲两则有关智慧的犹太笑话：

第一则笑话是：有一个哲学家退休后要到非洲去旅行，临走的时候他打好行李，结果没拿一本哲学的书，而是拿了中国人用的一个火罐子。他的夫人就很奇怪，问他："你是一个哲学教授，为什么不拿一本哲学的书，却拿了一个火罐子？"

为什么呀？教授对他夫人说："我到非洲一个偏远落后的地方，如果我去给这些人讲哲学，他们听不懂、不喜欢，肯定会把我撵走，我就会成为一个不受欢迎的人。但是如果他们有病的话，我拿出火罐子给他们治疗，在给他们治疗的过程之中再讲哲学，我相信他们一定会喜欢我的。"其实这就是智慧。因为一个人的思想和意识是在一个客观的、真实的环境之下灵活地发挥作用的，如果他非要死搬教条，只有死的知识而没有灵活处理问题的能力的话，就如我之前跟大家讲过的那样，他其实就像一头驴。

下面我再讲第二则关于智慧的犹太笑话：说有一个人，有一天突然买彩票中了大奖，他的邻居知道了这件事情后，就很嫉妒，说："您买彩票中奖了，有什么秘诀或者诀窍没有啊？”他说：“没有啊，就是运气好，我昨天晚上做了一个梦，梦见两个数字叫 6×7，所以我今天买的时候就买了一个 49，然后我就中了头奖。”邻居很奇怪，说：“你算错了吧？ 6×7 等于 42 呀。”他说：“你就当你的数学家去吧，我买的就是 49，多加了 7，所以我就中奖了，这 7 就是我的智慧。”

智慧的三大范畴

当然这只是两则笑话，那么真正的智慧是什么呢？

我给智慧下了这样一个定义，所谓智慧就是一个人在生命中所体现出来的知识、技能、洞见和才智。智慧的三大范畴就是洞见、理性和谦恭。

洞见就是别人告诉你一件事，你能够明白，并马上判断出这件事的对错、真假、美丑，这是你的经验加直觉。在这个基础上，再进行理性的思考与综合的分析。第三个就是“谦恭”，对人的谦恭和对上帝的谦恭，体现一个人的道德水平，而道德是最高的智慧。犹太人就是一个全力追求智慧的民族。

在希伯来语中，智慧同时用来形容技巧和思想，是一种使生命走向成功的能力，无论是摆脱困难处境的能力还是织布的能力，都属于智慧的范畴。据说，当一个拉比到一个劳动场所的时候，人人都必须放下手中的活儿，起立向他致意。但是拉比说了，唯有木匠和其他工匠不必停下来，因为他们的工作同拉比一样尊贵。也就是说，犹太人把这种技能也认为是一种智慧。可能在我们中国人的眼中，智慧仅仅属于头脑聪明的人或做思维体操的人，像诸葛亮之类。但犹太人不同，他们认为像木匠、工匠这样有技能的人也同样是有智慧的人，也同样值得尊敬。

所以《圣经》上说："智慧人的法则就是生命的源泉，可以使人远离死亡的网罗。"西方人认为，智慧就是高深的思想。相对于普通的工人来说，他们更愿意认为哲学家才是有智慧的人。

西方人的观点跟犹太人其实是有差异的。哲学家是有智慧的，那么智慧是怎么产生的呢？按照哲学的观点，就是说，能够从外界进入身体的东西，只有思想和智慧。人的思想是灵魂里神圣和不朽的部分，智慧是生活的艺术，倘若没有智慧，就不能够生活。几乎所有宗教和智者都是这么认为的，苏格拉底、佛陀、老子和耶稣这些智者先知们，他们设法解放了智慧，向人们提供了无限的可能，提供了喜悦和幸福，智慧渗透在道德和洞见之中，这就是智慧的一个哲学来源。

基督教是对犹太教的发展。因为犹太教认为，智慧是拉比、先知还有以赛亚家族像贵族、选民、虔信者和义人，甚至是“圣人”的专利，拯救是面向少部分人的。但是耶稣和保罗创立了基督教以后，他其实是把智慧解放了，让智慧不再成为少数人的专利，而下放给所有的人，包括妓女、撒马利亚人和税吏，这些人都可以获得智慧。智慧的双重居所，一方面在地球、宇宙和世界中，另一方面就在人的心灵和大脑里。为什么要用居所来锁住智慧呢？因为对于人来说，智慧始终只是一个“客人”，如果我们没有善待他，智慧就会从人的心中和大脑中慢慢地消退和逃跑。

智慧有四个境界

犹太人认为，智慧有四个境界：

第一个境界，就是显而易见的显而易见领域，就是信息。普通信息的收集很简单，比如我们看报纸、看新闻，这都是显而易见的显而易见领域，它是智慧的第一个境界。

第二个境界，显而易见的隐而未见领域，叫理解。其实真正的记忆，就是发生在理解之后。凡是那些理解力特别强的人，才能真正形成记忆，而且是长期的记忆，因为他把握了思维的过程。所以说，理解是智慧的第二个境界。别人讲了一句话，讲了一个故事，讲了一个深奥的道理，你能不能理解？如果你能理解，那你就有可能产生智慧，所以才叫显而易见的隐而未见领域，把复杂的变成简单的，这叫理解。

第三个境界，就是智慧的本体，隐而未见的显而易见领域。智慧本身是隐性的，看不见摸不着的，但它存在，所以我们称之为隐而未见的显而易见领域。智慧存在于人的大脑之中，存在于人的心里，存在于宇宙之中，就看你能不能把握。

智慧的最后一个境界，叫“恭敬”，就是隐而未见的隐而未见领域,或者这个“恭敬”也可以叫成“谦恭”。

茨威格在他的自传《昨日的回忆》中说道：20 世纪奥地利的维也纳是一个音乐之都，当时总共有 20 万名知识分子，其中犹太知识分子有 19.6 万人，当法西斯主义、纳粹主义和反犹主义兴起之后，把犹太人全部撵走了。撵走犹太人以后，在奥地利的话剧剧场中，既找不到演员，也找不到观众，更找不到编剧和导演，从此奥地利维也纳这个音乐之都就衰落了，像马勒、梅纽因、卡夫卡、维特根斯坦等，这些伟大的人物，统统产生于奥地利。从那时一直到现在，维也纳再也没有恢复到当年的状况。纵观世界，凡是反犹的国家基本上都衰落了，比如说像德国衰落，一直没有起来。像奥地利，还有欧洲的很多国家，现在都衰落了。综观世界历史，凡是喜欢犹太人的国家，现在都在崛起。最喜欢犹太人的国家是美国，给犹太人提供了巨大的发挥能力的场所，美国一直在发展。第二个就是中国，在全世界许多国家都反犹的时候，中国没有反犹。第二次世界大战的时候，中国从日本接纳了45000名犹太人。而且在中国的历史上，在唐朝，在河南的开封，都出现过犹太人。犹太人是一个喜爱智慧的民族，他们喜欢诗歌，喜欢思想，这个民族肯定是有前途的。如果一个民族完全变成一个野蛮的物质主义民族，只喜欢物质，只喜欢发财，只喜欢肉体享受，不喜欢智慧，不喜欢思想，不喜欢法律，这个民族肯定是要衰落的。

有一个犹太作家叫卡夫卡，他说过这样一句话："犹太人必须舒缓在名望上的高度紧张。我们过度神经质，我们有太多的时间争论，以至于没有足够的时间娱乐和锻炼，有点累了。"这句话耐人寻味。

人之所以成为人，并不在于他的嘴，而在于他的精神，在于他的道德，在于他的纪律。一个民族也是这样。犹太民族过于追求精神，所以世界上才有那么多的国家反犹。而我们许多人，恰恰跟犹太人相反，过多地追求享乐，很多人变成了快乐的猪，这就是现实。

智慧的双螺旋

我有一个朋友叫黎鸣，哲学家，他写过《中国人为什么这么愚蠢》《西方哲学死了》《道德的沦陷》《悲剧的源流》《命运的诅咒》等一系列的哲学著作，他认为人性的智慧是双螺旋。所谓的双螺旋就是，一方面智慧往上转，另一方面智慧往下转。他把人的智慧分为三个旋层，第一旋层，就是人对欲望的追求，就叫食、色、性。食欲，色欲，性欲，只要每一个人不是傻瓜，就希望吃好的，看美的东西，还有性欲。食、色、性，是本能欲望的阶段。第二旋层叫需求的阶段，智慧上去了，就变成权、利、名。权就是政治，利就是经济，名就是名望，就是人对权力、商业和名望的需求第二个台阶。再上一个台阶，就是精神需求了，就是信仰、求知和大爱，一个人有没有信仰，有没有求知这种精神追求，有没有道德的大爱，这是最高的境界。每个人都生活在不同境界，如果你境界提不高的话，你永远都是食、色、性，普通人就是追求食、色、性，再上来就是权、利、名，然后才是精神境界，智慧是往上的三个旋层。那么往下走的三个旋层是什么呢？人处于恶习的阶段，就是任性，或者叫贪婪，任性和贪婪是一样的，你任性了就要贪婪、懒惰、嫉妒，这是恶习。第二个台阶再往下旋是什么？就是罪恶旋层，叫暴力、诈骗、谎言，追求权力依靠的就是暴力，包括政治上体现的也是暴力。经济上的罪恶就在于诈骗，都在骗人，都在说假话，包括做虚假广告，这叫诈骗，所以经济罪恶的核心是诈骗。接下来的罪恶就是谎言，谎言就是文化的罪恶，就是搞艺术的人，能不能说真话，你说了谎你就犯罪了。

此刻我想起毕加索的一句话，毕加索说："艺术是谎言不是真理，但是它应该使我们的认识接近于真理。"虽然艺术是谎言，但是使我们接近于真理，如果你因为唯美，拍出来都是虚假的东西，而且没有一种真善美的永恒追求的话，这种艺术是不能称其为艺术的，甚至是对人类犯罪，因为导致暴力、诈骗和谎言是一种罪行。最后落入痛苦的下旋层，就是什么呀，叫焦虑、恐惧和孤独。

现在有些人很焦虑，很恐惧，犯了罪不能自拔，不能超越，最后变得很孤单，人活得就没有意思了。这个很难超越。这就是黎鸣先生所谓的智慧的双螺旋。

最后的结论，凡是能够战胜自己这些恶习（任性、贪婪、嫉妒、自私）的人，就是超越自我的人，他就是有智慧的人；凡是克制不了自己，顺着自己的本我，任性、懒惰、嫉妒，那么这个人就是一个普通的人，而且是一个“坏人”。

上帝为什么要用肋骨造女人

关于智慧的洞见，我们前面已经讲过了，理性也讲了。那么什么是谦恭呢，或者我们刚才讲的恭敬，什么是恭敬呢？《圣经》中说，上帝在伊甸园吹了一口气产生了亚当，是一个男人，让亚当去管理伊甸园，后来上帝看见亚当很孤单，便趁亚当熟睡之际，从亚当的身上取下一根肋骨创造了女人夏娃。上帝的本意是让夏娃陪伴亚当的，女人的职责是陪伴男人，他是这么一个观念，上帝是这么做的，上帝给人类奠定了一个秩序，这个秩序就是：上帝→男人→女人→动物→植物。

某一天，亚当和夏娃经不住蛇的诱惑，偷吃了禁果。上帝出来看到亚当，便跟亚当打招呼，“亚当！亚当！”结果亚当躲起来了。上帝就很奇怪：“你是不是吃了智慧树上的果子了？”亚当不说话，是夏娃怂恿他听那蛇的，蛇就象征着欲望。所以说，人一旦放纵自己的欲望，世界的秩序就发生了颠倒。统率人的首先是欲望，然后是女人和男人，上帝变成最后了。

那么，上帝为什么要用肋骨造女人呢？《圣经》没有说，而犹太人的生活圣经《塔木德》说了，为什么不用头来造女人呢？以免她傲慢。为什么不用眼睛来造女人呢？以免她过于好奇。为什么不用耳朵来造女人呢？以免她偷听。为什么不用嘴巴来造女人呢？以免她滔滔不绝。为什么不用心来造女人呢？以免她嫉妒。为什么不用手来造女人呢？以免她贪婪。为什么不用脚来造女人呢？以免她四处闲逛。所以用身体上最隐秘的部位——一根肋骨造女人，目的就是为了使她谦恭。

当然我不是在这里批判女人，是因为这些人性的恶习，在女人的身上可能比男人更明显。其实每个人都有这些恶习，所以要求我们做一个谦恭的人，避免和克制我们自己身上的任性、懒惰、嫉妒、自私、偷听、贪婪这样一些恶习。凡是能够超越自己这些恶习的人，都将是一个很了不起的人。

与此同时，据说每一个人都是由一个个代表上帝荣光的小火花造成的，从此人类的泥土之躯能够行动与呼吸，并能够思考、学习、记忆，行出公义之事，伸出怜悯之手，每个人都是天罐中迸落出来的小火花，每个人都是有神性和灵性的小火花。在过去的将近 6000 年里，犹太人的信仰和谦恭一直是通往智慧之路，它帮助人们从而提高人类的道德水平。这就是我刚才所讲的谦恭的真正奥秘。

人一旦有了谦恭以后，就有了智慧；如果没有谦恭，就没有诚实，没有守信，就缺乏自信，容易颓废。犹太人认为，上帝之所以赐给每一个人自由意志，就是让他们对自己的行为负责，上帝的道德律令，清楚地显现给每一个真正具有理性的人，要参透上帝的话就需要通过理性思维。人间最高的美善，就是竭力去追求完美的理性和智慧。

《塔木德》里讲过这样一句话：人有四种低等动物的本能，就是吃、喝、生育和死亡，同时又有四种天使的本能，那就是能直立行走、会说话、能从正反两方面思考和认识世界，这就是动物和人的真正区别。

有这样一则故事，叫《沙滩上的脚印》。这个故事说：有一天晚上，我做了一个梦，梦见我和上帝在沙滩上，天空中显现了每个人过去的每一幅画面。每一幅画面里，沙滩上都有两双脚印，一双是我自己的，另一双则是上帝的。然而当最后一幅景象出现时，沙滩上居然只有一双脚印，而这幅景象，正是我人生处于最低潮、最悲伤的时候。我非常惊愕，于是问上帝：“上帝啊！你不是曾经承诺过我，当我决定跟随你的时候，你将陪伴我的一生吗？但为何在我人生最苦难、最受挫折的时候，沙滩上却只有一双脚印呢？”上帝回答说：“我的孩子，我从未离开过你，沙滩上那双脚印，正是我背着你踏出来的，是我背着你走的呀。”也就是说，在我们人生最苦难的时候，可能我们的父母、朋友、亲人，甚至伴侣都会抛弃我们，但是上帝不会抛弃我们，永远背着我们，所以只有一双脚印。

上帝是爱每一个人的，他的爱体现在《旧约》中的“摩西十诫”里。

当代教育最大的迷失，就在于过于推崇和迷信技术与技能，而忽略了人类最根本的智慧就是对道德的追寻。“摩西十诫”中除了强调要信仰上帝以外，更主要的是把“不杀人，不奸淫或淫荡，不撒谎，不偷盗和不贪恋别人的妻子和钱财”作为一种绝对的道德律令。没有道德的人即使他再聪明，也没有智慧。甚至完全有可能因杀人、淫荡或偷盗等罪恶而进入监狱。因此，我们有必要呼吁当代教育重建道德律令，否则就失去了教育的根本意义。

“摩西十诫”分为前五诫和后五诫，犹太人把孝敬父母也放在“摩西十诫”里。作为一个人类的伟大戒律，“摩西十诫”认为孝敬父母就等于尊敬上帝，所以把孝道提到了一个很高的位置。犹太人讲，信守这些戒律，就像小孩刷牙一样，等他将刷牙变成一种习惯时，你再告诉他为什么要刷牙。你现在告诉小孩说：“你刷牙是为了干净。”他不知道什么是干净，所以这就是道德戒律的作用。

因为人往往是很愚蠢的，这个时候就需要有一戒律，也就是当摩西在西奈山上颁布了“摩西十诫”的时候，犹太人就有了道德的基础。而人类呢，就是在这样一个台阶上，一级一级地往上走，每代人都向上爬升和探索，从而使人类进步。同时欲望却又让人类肆意犯罪，破坏环境，发明武器，他们饕餮、贪婪、懒惰、淫荡、傲慢、嫉妒和暴怒，从而使这个世界变得不再完美，这就是不遵守戒律和没有谦恭所造成的恶果。

犹太精英教育的精髓

第一点，对于犹太人来说，学习是一种信仰。我曾经写过一本书，名字就叫《学习是一种信仰》，说的就是犹太人的教育和他们创造的奇迹，后来北京的好多广告牌上都把这句话印上去了：“学习是一种信仰。”学习确实是犹太人的一种信仰。《塔木德》中有这样一段话，说我们每一个人，要想领到天堂的钥匙，每天都必须自我追问：你今天勤劳地工作了吗？你努力地思考了吗？你诚实地劳动了吗？你参与抚养和教育孩子的活动了吗？只有每天都在追问自己这些问题的人，才是一个真正的人。

其实在这一点上，我们的儒家文化也有，只不过说得没有这样明确和通俗而已，其中就包括自我的反省。这是第一点，学习是一种信仰。

第二点，犹太教育的本质是一种自我教育。比如说我们的学校现在让孩子学习，却没有把学习变成一种信仰，而是让孩子仅仅把学习当作考高分考名校的手段，或者为了父母有面子，这样的教育永远也不会成功的。真正的教育是一种自我教育，如果让学习成为一种信仰，让这种思考和认识成为融化在生命中和血液里的一种习惯的话，那么他肯定会逐步走向成功的。犹太教强调，一个人有责任为自己的行为和深入的自我教育负责，因为犹太人希望能够掌握自己的命运，并同时将其他犹太成功人士视为自己的榜样。经验告诉犹太人，依赖别人可能很危险，因为政治风向可能随时会改变，如果你能够自立自强，就能够把握自己的命运。在反犹主义的巨大压力下，犹太人必须努力在全世界各个领域证明自己的存在价值。正如《塔木德》所言，一切都太正确时，一定有什么东西出了问题。所以我们应该有这样一种压力，有这样一种忧患意识，有这样一种紧迫感，只有这样一种忧患意识和紧迫感成为我们生命中血液中的一部分的时候，我们才能真正懂得自我教育的价值，这是第二点。

第三点，犹太教育是一种终身教育。对于每一个犹太人来说，核心的原则就是终身学习和工作，永不退休。曾经有这样一个故事：说有一个人到了一个地方，他住在那里，每天无所事事，园子里繁花似锦，还有各种各样的好吃的，真是过着衣来伸手、饭来张口的日子。他待了两个月以后，变得很烦躁，后来就发怒了，这是什么地方啊！怎么像地狱一样啊！结果这时从遥远的天空传来天使的声音："你以为在哪儿呢，你就是在地狱。"不参加劳动的人，其实就是生活在地狱，他既不能聪明，也不能有智慧，更不可能有强健的体魄，也不能有健康的心智；凡是那些每天忙忙碌碌在劳动的人，魔鬼和疾病都不能战胜他。据说，犹太人的领袖大卫王在劳动的时候，魔鬼撒旦去拿他的性命都下不了手，因为劳动的时候他没有空闲。所以劳动能够让人年轻，能够让人幸福，劳动能够让人快乐；不劳而获则是一种耻辱。

第四点，犹太人从小就培养孩子树立一种理想主义人格。近年来中国社会上流传这样一种说法，大家认为坑害中国人的有三条蛇，就是"黑蛇""白蛇"和"眼镜蛇"。什么是"黑蛇"呢，就是说有的律师，吃了原告吃被告；"白蛇"呢就是说有的医生，你得了感冒他也要给你做一个

CT ；“眼镜蛇”就是说有的教师，只知道拼命地向孩子收钱，却并不对孩子负责，误人子弟。当然这是一种片面现象，但折射出中国社会的现状。

我在前面曾讲过，有三件事情都是有仪式的，教育也是其中之一，而这种仪式就是他们的神圣感。对于犹太人来说，他们认为，学院、医院和法院是非常神圣的，是构成社会的一个最基本的支柱，一旦学院、医院、法院都堕落的话，这个社会将不再安宁，不再和谐。这就是犹太人心中的“三圣”，就是学院、医院和法院。教堂也是学院。在犹太人的心目中，真正支撑这个社会的支柱就是这“三圣”。

犹太小孩在 13 岁的时候就要施成年礼。我有一个朋友，他的孩子参加过一个美国犹太小孩的成年礼。成年礼这一天不像中国小孩 12 岁“圆锁”，大部分吃吃喝喝，送个礼金或小礼物。犹太人的成年礼非常隆重，一方面，由他的亲属和家长抬着经卷，他要到会堂给在座的所有能来的亲戚讲解他对《圣经》和《塔木德》的理解。另一方面，他要把所有别人给他的礼物都捐给学校、医院、孤儿院和养老院。因为犹太人的理想就是修复这个残缺而不完美的世界。

我们想想，从成年礼的整个过程看，一个 13 岁的孩子，一下子就产生了公义、道德和奉献精神。我们 13

岁的孩子，却只懂得索取，多多给我，多多益善。

第五点，犹太家长认为，真正的知识是甜蜜的。小孩子在上学的第一天，必须由他这个家族中最德高望重的人把他交给学校的老师，而且老师要给孩子每人发一块白板，白板上要用蜂蜜把《圣经》的字母拼出来，拼完后要让孩子去读，读完后，老师告诉孩子们说："这是《圣经》，孩子们请记住，知识是甜蜜的，还要把蜂蜜舔掉啊。"也就是说，从小孩子上学第一天起，就感觉到学习是一件非常有趣和甜蜜的事情。而他的成年礼，这个家族所有最重要的人都要参加，因为犹太人跟中国人一样，都很重视家族。

由于犹太人重视教育，重视学习，因此在孩子施成年礼这一天，要有医生、律师、法官、思想家、科学家、艺术家等跟孩子谈话。想想，一个 13 岁的孩子，成年礼这天一下子就给他打开一个鲜活的、丰富多彩的世界，是多么了不起。而我们中国人过 12 岁"圆锁"的时候，都是送来礼金或礼物，喝得醉醺醺的，基本上是大人的活动，孩子的心智还是没有成熟。我觉得我们的成年礼对孩子是没有任何意义的，没有打开广阔的世界，没有让他们真正走向社会。

另外是关于安息日，在"摩西十诫"中上帝让犹太人守安息日。人是需要休息的，除了这个意义以外，安息日还有一个很重要的价值在于，安息日这一天，父母和孩子都要去教堂，都要去谈论《托拉》，谈论一件神圣而伟大的事情，这是一个共同的话题。因为父母和孩子容易有代沟，平常在一起不知道该谈论什么。所以就借助这一天，大家在一起交流思想。与此同时，对家长与孩子的亲子关系也有考虑。每一周，父母必须抽出一天的时间陪孩子学习《圣经》，讨论“塔木德诫”，接受道德和智慧的启蒙。我觉得这两个节日非常了不起，我们的星期六、星期天都干什么呢？放假，都是玩嘛，当然旅游也是可以的，但是我们的假日就缺乏这样一种神圣性。因为没有值得共同思考探讨的话题，我们的孩子还都带着繁重的学校作业。除了让父母辅导作业以外，孩子和父母没有共同探讨的话题。我觉得这是犹太人的一个先见之明，也是上帝对他们的厚爱。

第六点，人类的全部尊严就在于智慧。有人找我签字的时候，我就写了《塔木德》中的一句话：“人类一思考，上帝就发笑。”后来我又补充一句：“人类不思考，上帝更发笑。”伏尔泰讲人类的全部尊严在于思想，而犹太人认为“人类的全部尊严在于智慧”或者“思想和智慧”。犹太人还有一种理念，他们认为，学习的本质，就是必须学会用一种批判和质疑的眼光去看待历史和现实。教育的社会价值在于，真正地推动人类学术和思想的自由。

第四讲　道 路

问号代表一切

真正的教育，就是先进的理念和最优的实践，或者说世界观和方法论的结合。一句话概括就是，培养一个好人加一个认知世界的方法，就是先进的理念加最优的实践。

“凡有血气的，尽都如草”

道路的核心就是科学、自觉和执着。道路就是一个人走向成功的过程中所发现和应用的客观规律和方法。

我在 2010 年 6 月底的时候，应以色列大使馆商务代表处的邀请去了一趟以色列，作了为期一周的考察。以色列这个国家非常小，而且南方都是沙漠和丘陵，非常干旱。我曾经到过中国的甘肃、新疆，去过戈壁滩，感觉到很荒凉，每次去的时候都有一种想哭的感觉。但到了以色列以后发现，这里比我们甘肃和新疆的戈壁滩还要荒凉，没有任何生命的迹象，而且许多地方在海平面 400 米以下，气温却是 40℃。体验了那种荒凉之后，我一下子感悟到，如果那里的人没有一种精神信仰的话，生活在那样一个荒凉的地方，怎么活得下去？

所以我觉得，当年摩西率领 40 万犹太人在西奈半岛流浪了 40 年以后，即使没有上帝，也要创造一个上帝出来，否则人绝对生存不下去。因为以色列的气候是半年下雨，半年不下雨。当时那个导游只认得加利利湖畔的山路，他跟我说 ：“你看，这里真荒凉，连生命的迹象都没有，但是另外半年下雨的时候就有草了。”然后他还告诉我，说当年耶稣在这里讲道的时候，曾说过这样一句话 ：“凡有血气的，尽都如草，他的美荣就像草上的花，草必枯干，花必凋谢，唯有上帝的道路是永恒的。”

我当时听他讲完这个故事，特别感动。我在《圣经》中读过一段话 ：上帝是什么？上帝就是道路、真理和生命。认识上帝就是智慧的开端，一切智慧之源都来自对上帝的敬畏。

科学推动了宗教的发展

道路的核心就是科学、自觉和执着。每个人的发展都是有道路的，科学的道路和成功的道路是能看得见的，比如说我们每个人的发展都经历了不同的道路，这个道路是能看得明明白白的。

道路的第一条，就是应该相信科学和科学精神，科学跟宗教不矛盾。整个西方科学的发展，哥白尼、布鲁诺、达尔文……全是基督徒，基督教并没有阻碍科学的发展，尤其是在文艺复兴以后，科学发展的速度更快了，反之科学也推动了宗教的发展。比如说《死海古卷》，是被一个科学考古队发掘出来的，并证明了其真实性和历史文化的价值，而发掘以前则是一个伊斯兰教的牧羊人在昆姆兰的山洞中发现的。

后来人们发现，这本两千年以前用古字母记录的《死海古卷》上的《圣经》内容，跟现在我们读的《圣经》几乎一字不差，基本没有差错，也就是说两千年以前就有《圣经》了。这个事情证明了科学其实也推动了宗教的发展。

培根说过这样一句话："一个初期研究科学的人都

是无神论者，但是研究到最后，连牛顿也相信了上帝的存在。”有一个评论家叫亚历山大·蒲柏，他在评论牛顿的时候说：“透过混沌的世界，上帝说，让牛顿降生吧，于是世界就一片光明。”操控世界的还是上帝。

道路是什么呢？我认为，道路就是一个人走向成功所发现和应用的客观规律和方法，道路的象征性动物就是马，马就代表道路。在路上，往前走，这是客观规律和方法。客观规律和方法就是通向未来和成功的道路。那么，产生智慧的道路是什么？从哲学的角度，首先就是从客观出发，通过对客观世界的探索来认识真理，然后再上升到一种主观的自我认知。就仿佛盲人摸象一样，这就叫主观。比如我们所说的真、善、美中的善，或者美也是我们自我的感觉，就是自我的主观意识，最后达到人类精神的最高境界，就是自由。其实人类的精神就是追求自由。这就是一个认识的规律。

如果我们的教育、我们的课堂没有让孩子触摸到客观的世界，如我们的老师只是让学生照着苹果的照片画苹果，那苹果永远是假的。西方的学校，如果出现这种情况，很多家长是要起诉老师的，他们会把一个真正的苹果放在桌子上，让学生画这个苹果，这就是客观的真。如果你要告诉一个盲人什么是苹果，你能描述得清楚吗？人的语言有时候是威力无比的，但有的时候人的语言又非常乏力。就像你告诉一个盲人，什么是红色的，你能讲清楚吗？谁能给一个从来没有见过红色的盲人讲清楚什么叫红色？讲不清楚，所以这就叫客观，在这个基础上产生自主意识就会达到自由的境界，这就是道路的规律。我认为，科学的本质就是探索和实践，只有通过探索和实践，我们才能真正地认识客观世界。

科学的本质就是探索和实践

如果有人告诉你别人结婚，你大致了解别人结婚是怎么回事。但是你永远也不会忘记，你自己结婚入洞房那一夜的情景，因为这都是你亲身经历的，这就是客观的反映。反之，那些主观的认识，往往可能是偏颇和错误的，而我们现在的教育，从根本上缺乏探索和实践，反而是让那些主观的或者机械的、僵化的、死的知识成为人们思维的一种方法。真正的记忆，是长期性的记忆、过程性的记忆、理解的记忆，是最高的境界。我反对很多人提倡的国学中的死记硬背，《三字经》啊什么的，在这些过程中我认为可以多读，多朗读，在朗读的过程中去体味，这样可能就慢慢记住了。如果仅仅是死记硬背，不懂意义的话，其实毫无意义。现在你再让你的孩子把我们的“四书五经”、《二十四孝》《小窗幽记》《围炉夜话》《菜根谭》等典籍全部背下来，背下来的结果是什么？是这个人满口都是“之乎者也”，此外，别无他用。

我觉得我们在教育的方式上还是应该多借鉴西方的或者犹太人的方式。因为真正科学的道路就是从客观到自主，再到自由，科学的核心就是探索和实践，只有通过探索和实践逐渐纠正自己的错误，这样才能真正掌握科学知识和科学思想。另外，从教育的本质上讲，知识是不能脱离它产生的过程的。

2004 年的时候我结识一个作家叫杨显惠，我曾经给他出过一本书叫《夹边沟记事》。后来 2004 年的 10 月份在上海，耶鲁大学和清华大学组织了一场关于可持续发展的高峰论坛，其中有一个耶鲁大学的教授，就是杨显惠书中提到的“萝卜头”，要见杨显惠，杨显惠顺便把我也请去了。那次论坛上，中国的很多大学校长及有名的院士都作演讲，像清华大学的钱易院士、上海交通大学的屠梅曾院长等。中国人讲课就是把 PPT 一放，然后概念、定义、范畴、过程，给你照本宣科，不管是院士还是教授，都是这么一个流程。所以这课讲完以后，我到现在为止，一句话都不记得了。

但是，其中有一个犹太教授，他讲了一课我现在仍记忆犹新。他讲可持续发展，他一上来就拿了两箱芒果汁上来，每个人发了一盒芒果汁，然后说："同学们，你们把芒果汁打开要喝掉。"大家挺高兴，一上来就很有新意，喝完以后所有人分成几个小组，每一个小组要进行讨论，讨论一下芒果汁的包装是用什么材料做成的，这种材料的成本有多高，将来垃圾处理的时候有没有污染，有什么办法降低成本，变成一个低碳的，或者绿色的包装。大家要出主意，每个小组讨论完以后，拿一个方案在黑板上讲一讲，你的结论是什么。得出这个结论的过程，你怎么想的，为什么要这样做。最后老师说："你看，今天你们想得非常好，你们讲的每一个过程都有启迪意义，我想讲的也就是这些。"我们的老师往往是满堂灌，讲一些自认为非常正确的废话，其实对学生毫无价值。你看这个过程我就记住了，他是通过讨论和实验告诉我们一种思维方式，用一种探索和实践的方式，告诉我们一个浅显的道理，我觉得这就是科学的本质。知识是一个复杂和有机的活动过程，一旦把知识从认知的过程中抽取出来，就必然成为死的知识，知识的意义就在于它的应用，科学的本质就是探索和实践。

犹太人认为一个人学了很多知识，又没有用，又找不到工作，又没有智慧，那他就是一头驴。因此，我呼吁大学生一定要用自己的思想和方法去真正地学习，如果完全按照原来那种僵死的方式学习，即使念完大学也不一定能找到工作。中国的很多学校，无论是初中还是高中，往往让一个有感情和有需求的学生成为一个死知识的容器。学校只承认教科书，或者考试卷子中的标准答案，而不引导学生关心鲜活的生活。因此，学生在这个学习过程中非常痛苦。

我的女儿现在去爱尔兰了，当年她厌学到了一提到学校就恨不得拿一个炸药包去炸掉教室的程度。我认识许多学术界的一流学者，他们的孩子没有一个人喜欢学校。我都问过，因为当时我的女儿学习不太好，我就想知道其他的孩子是什么样的。结果发现都一样，对于学校那种照本宣科的死板教条的教学模式，孩子们都不感兴趣。因为他们在这种学习中感受不到生命的意义和成长的快乐。学生是一个个有生命的种子，需要阳光、空气和水，只有这样才能健康而茁壮地成长。获得知识的过程，首先是一个解决问题的过程，同时也是一个培养分析、判断、选择和讨论的过程，需要在这个过程之中发挥每一个人的责任感、理解力、想象力和创造力。真正的教育，就是先进的理念和最优的实践，或者说世界观和方法论的结合。一句话概括就是，培养一个好人加一个认知世界的方法，或者是先进的理念加最优的实践。

教育是农业而不是工业

其实教育说简单也简单，说复杂也复杂，教育是农业而不是工业，因为农业中，每一粒种子种下去以后，需要阳光、空气和水，而工业是批量生产的。所以我们现在的学生，大部分都是批量生产，生产完了以后都差不多，没有个性，没有思想，没有头脑，情感和心灵都被阉割了。对他们影响最大的也就是刘德华、成龙、周杰伦。但是真正的具体分析能力、理解问题的能力是没有的，所以这样的人，将来到社会上怎么才能找到工作？找到工作以后怎样才能胜任工作呢？我有个观点，并不是中国的大学生过剩了，不是的，真正的人才哪里都需要。如果你不是人才的话，给你白发工资哪里都不可能。

有一个现象我这里想说一说。我们的大学教育在产业化以后，盲目地扩张，人很多，没有老师。我有一次到广州的一个大学城去讲课，讲完课，孩子们把我围住，问这问那，我就感觉每一个孩子都非常可爱，闪烁着一双双希望的眼睛，求知若渴。但是下课以后，老师都走了，都回城里去了，孩子们仿佛被流放到一座心灵的孤岛上。

所以我很痛心，我希望中国有良知的人能够掀起中国的第二次教育革命，真正去探索和实践究竟什么是真正的教育。有个学者写了一本书叫《如何才能掀起中国的第二次教育革命》，我讲的很多观点包括犹太人的观点，跟他是不谋而合的，所以我对这个学者的思想是非常赞同的。

另外还有很重要的一点，我们解决教育问题，不仅仅是解决学生学习中的动力和热情问题，更重要的是能激发每个人的个性和潜能，从而使整个社会充满活力和创造力。一个人自己喜欢的，就必然会主动的，他当然有热情、有动力、有创造力。不喜欢，就是被动的。问题是怎么让学生喜欢，照本宣科，枯燥又乏味，他们当然讨厌了，当然会打瞌睡了。本来很多问题有一百多个答案，但是我们的考试卷弄一个 ABCD 硬是让你机械式地回答，要么就是让你去碰运气，而不是一个思考和理解的过程。所以在这点上，我觉得我们古代的科举制其实比现代教育还更有可取之处，因为它毕竟要写一篇文章，把你所有的才华和思想都浓缩在一篇文章里，很多考场技巧性的东西就不需要了。但是我们的儒家文化和科举制，最大的问题就在于它只考语文不考数学，不考物理，不考化学，所以中国的自然科学就不行，跟科举制也有很大关系。另外，中国的科举制有个核心观念就是“学而优则仕”，让你出来就去当官，而当官的结果是什么？我在一个省政府办公厅里当过秘书，我总结了六个字，就是“服务、服从和服气”，就是一个政府的工作人员，这样的学而优则仕，是产生不了哲学家、思想家、教育家、科学家、艺术家的，所以你看那个《二十四史》里，真正能够把那些有个性且在各个领域有贡献的作家、科学家和思想家写进去的很少，或者写进去也是只言片语。但是，凡是地委书记以上的什么太守、司马之类的官员，全部进入中国的历史，而这些中国的官僚，恰恰就是唯命是从，一个服务、服从、服气的高级奴才。

这样的教育，其实是沿袭了中国的政治教育思想，所以这不仅仅是一个文化问题。当然这个观点一定有许多学国学的人不太赞同，我希望以后有机会能与他们进行深入的讨论。

因此，教育的起点就是解决问题，学生首先是一个鲜活的人，人的核心是什么？我之前讲了，就是灵魂、品格和智慧的教育，人通过探索和实践逐渐成长，教育应尽可能缩短课堂与真实生活及社会之间的距离，学习过程的丰富性和趣味性为个人的成长和发展提供了许多机会。

前几天我女儿从爱尔兰给我打电话：高一总共有 20 门课，必修课才两门——英语和数学，选修课九门。最后考试的时候，九门课全考，但是考完了你就自选，选你最喜欢的七门课。或者选分数最高的七门课。高中就学艺术、商业和管理课，我女儿告诉我说："爸爸，我最喜欢的课是什么呢？就是戏剧艺术。"她说老师上课的时候说到小猪，所有的人都趴在地上学猪叫，说一声羊，学生就都变成绵羊了，模仿它们的动作，很好玩，她就喜欢，因为接近社会，接近真实。这样的教育，孩子记忆力就非常鲜活，如果把一切都扁平化了、机械化了，变成一个死的符号了，我觉得孩子很反感，是很枯燥乏味的。

因此，我们应该让孩子进入鲜活的社会，在这个社会之中，逐渐地引导和启迪他们，激发他们的潜能和爱好，我觉得这样的人将来才能成为一个有用和有价值的人。前几天，鹏飞一力公司要出一本书叫《我的孩子是中等生》。作者认为中等生将来才是社会的栋梁，真正那些学习最好的学生，可能将来到了社会上不一定是最优秀的。

当然这个观点是部分人赞成的，因为国外也有很多优秀的学者曾经是非常优秀的学生。但是，就中国的现实来说，我觉得中等生的潜力可能更大，因为他没有完全被一些老师要求的那套成规戒律所套牢，还没有变得彻底僵化。

问号代表一切

综上所述，我最想告诉中国教育界同人的一句话就是："问号代表一切。"前面提到，华中师大的校长也说，中国的学生没有质疑能力。他在16分钟的讲话中，先后82次提到"质疑"二字，就是说中国的学生不善于质疑，不善于提问。6月份我去以色列的时候，到以色列科学院一个天才儿童游乐园去参观。看到有一个导游穿着T恤衫，T恤衫后面画了一个大问号。我当时很奇怪，中国人的T恤，什么图案？奥运、国家大事、文化，或者广告，她的T恤上居然画了个问号，我就一下子注意到了。她首先给我们做了一个实验，这个天才儿童游乐园里总共有88个实验，都是些什么实验呢？

第一个实验是一个"锅"，"锅"上贴的是白的、发亮的那种锡纸。她把这个"锅"一转，对着太阳，然后拿一根棍儿，往中央一伸，呼——这木棍就着火了，然后再转过来，就不着了。我特别奇怪，其实这就是我们物理学中所学的“聚焦”，焦点对住了，这根木棍就着火了。

她做的第二个实验是什么呢？她一按按钮，啪，喷泉，离远一看，哦！这儿有一道彩虹，那儿也有一道彩虹，其实这是光学现象，折射原理。

第三个实验进入一个大棚，桌上放着两盆花，一盆花是用布的罩子把它罩住了，另外一盆花没罩，没罩的这一盆花，长得枝繁叶茂，而罩着的这盆花都枯萎了。其实这是光合作用，太阳光照的原理。

他们这里的所有实验，全是用这样一种方法，把我们中学所学的物理、化学、生物学常识，浓缩到实验当中。做完第三个实验以后，我特别激动，我说：“问号代表一切。”我回来一定要写一本书，因为中国人不会思考，不善于思考，不敢于思考，没有问号就是我们当代教育中存在的最大问题。这个问号太重要了！后来我看到中央电视台播的一部11集的名叫《走进以色列》的专题片，里面有一个雕塑家，他用石头雕塑了一个作品就是大问号。包括以色列的总统佩雷斯，他们也都讲到问号了。如果说用一个符号代表犹太人的科学精神的话，最能代表犹太人思维传统的就是问号。这让我想起了两个故事：

一个故事说的是1970年的诺贝尔物理学奖得主拉

比。拉比获奖后，有人向他请教说：“你如何获得诺贝尔物理学奖呢？”他说：“我获诺贝尔物理学奖啊，全靠我妈妈。”“那么，你妈妈是怎样培养你的呢？”他说：“我妈妈没有怎么培养我，每天回家以后就问我一句话：今天你在学校提问了吗？你问了一个什么样的好问题？从此以后我就养成了一个提问的习惯，所以我就获得了诺贝尔奖。”

另一个故事说的是哈佛大学的第 27 任校长萨默斯。萨默斯是名门之后，萨默斯的父母都是哈佛大学经济学的教授，他叔叔萨缪尔森是 1970 年诺贝尔经济学奖得主，是经济学的一个“大腕”，他的舅舅肯尼思 · 阿罗是 1972 年诺贝尔经济学奖得主。萨默斯两岁的时候，就能把马路上跑的所有汽车的型号都辨认出来；7 岁的时候，就能说出美国内阁的名单；9 岁的时候，就在学校辩论，连老师都辩论不过他；19 岁的时候，连他的舅舅诺贝尔奖得主肯尼思 · 阿罗都辩论不过他。他是个绝对的天才，后来成为克林顿时期的美国财政部长，最后当了哈佛大学校长。那么，有人就问了，他的成功，有什么秘诀啊？他说没什么秘诀，“每次，我爸和我妈带着我坐车、过马路的时候，他们就会不断地问我问题。他们说：如果马路上堵车了，孩子啊，你会怎么办？如果马路上发生交通事故了，孩子你会怎么办？从此以后，我就养成了一个思维习惯，我遇到所有的问题，就要探究其中的原因，然后就想该怎么解决这个问题，所以才有今天。”

所以，无论是从理论上还是实践上，甚至从个案上我都认为犹太教育核心中的核心，就是“问号代表一切”。因为好奇心和探究欲是人的本能和天性，教育的任务之一就是挖掘和引导这种本能，并使之成为一种习惯。让孩子们从小在探索和实践中成长，从而体会生命的真谛。如果学校扼杀了孩子的这种天性，取而代之的是强制、威慑和空洞的说教，那么很有可能就变成违反人性的教育，使孩子感到压抑和扭曲，从而丧失了学习的自觉性和主动性，这就是理论上的解释。所谓的教育，始于体验，终于认识，学生听到了什么，触摸到了什么，想到了什么，这一切真实的体验，都使他们的生命得到升华。所以，必须运用科学的规律，去引导孩子，激发他们的好奇心、想象力和创造力，学习不等于简单的死记硬背，而是应该学会思考、理解、探索和传承。解决问题的过程，就是一个探索和实践的过程，探索和实践意味着对人性的尊重与捍卫，灌输式的和填鸭式的教育，意味着相信权威和无条件地接受，剥夺了人的思考力和创造力，是专制和奴化思想在教育过程中的体现。讲授行为的主体是教师，探究行为的主体是学生自己，这种教育方式使学生的学习过程变得非常主动。教育的任务就是让学生主动、自信、具有责任和尊严，这一切是人获得幸福的前提与保障。探究和对话式的教育，源于好奇和质疑，目的是唤醒人的思维潜能和心智潜能，从而捕获智慧。正如波普尔在《猜想与反驳》一书中所言：“没有比试探和出错、猜想与反驳的方法更加理性的程序。”探索和实践的目的是什么？是吸收，吸收是手段，释放是目的，因而展示的快乐是潜能释放的体现。所以展示是一种潜在的价值追求，我进步，故我在，成功的展示，可以给予学生充分的尊严。一所学校的历史与成就，应该在学校培养出的人才和学生作品的展览中来体现，这就是我对中国的教育界现在存在的问题最想说的话。

“科学太重要了，不能单由科学家来操劳”

下面我再讲几个人的故事：

第一个人叫阿西莫夫，是美国的科幻大师，他一生中总共出版了480部著作，他是一个绝对天才。在他去世前的近10年之内，每年都出版10本书，而且本本都是精品。他的科幻小说影响了好几代人。阿西莫夫本人是非常有名的怀疑论者，他明确表示不相信上帝，也不相信灵魂不朽，他认为《圣经》的很多内容是有问题的。

阿西莫夫生于 1920 年 1 月 2 日，死于 1992 年 4 月 6 日，被誉为“唯一能够用双手和双脚同时分别打出不同著作”的人。阿西莫夫去世时，著名科幻大师阿瑟·克拉克说：“世界只有一个阿西莫夫，现在阿西莫夫不在了，世界变成了一个更加可怜的地方。”另外一个科幻大师哈里 · 埃利森说 ：“由于阿西莫夫是一个无神论者，他要怀疑一切，所以我们无法说出他去了哪里，只能说他去了一个更好的地方。”这两句颂扬之词是对他最高的评价了。

阿西莫夫也曾经说过 ：“因为科学家不能合成蔗糖，所以上帝存在。哦，上帝可能存在，但我不想在这里争辩这个观点。”阿西莫夫在临终的时候，说的最后一句话是 ：“我是阿西莫夫。”阿西莫夫最令同行们反感的一个行为是什么呢？一旦在沙龙中谈起宇宙和世界时，人们很快就会发现，他讲的所有的话都接近最权威的，别人就没有发言的机会，所以人们很讨厌他。他们那一批科幻作家，经常在一起聚会，每次聚会，在饭菜上来以后，阿西莫夫向每一个人提出一个问题，说：“你必须告诉我，你从现在开始继续活着的理由，如果你不能讲出一个合适的理由，对不起，下次的沙龙你别来了。”我非常喜欢阿西莫夫这个人。

科普大师卡尔 · 萨根也是犹太人，在说到阿西莫夫时，他讲过这样一件事：法国人克里蒙梭说过这样一句话："战争太重要了，不能单由军人操劳。"而阿西莫夫仿照克里蒙梭，也说过："科学太重要了，也不能单由科学家来操劳。"所以他要写科普和科幻作品。

中国的科幻作家真是太少了，我小的时候读过叶永烈写的《小灵通漫游未来》，可是后来叶永烈写了"四人帮"系列，现在几乎不写了。我不知道现在最火的儿童作家能不能写出一些让孩子非常喜欢的，同时又传播科普常识的、对人类有用的、能够激发孩子兴趣和想象力的这样一些科幻著作。如果中国能有一大批像阿西莫夫和萨根这样的科普作家的话，我相信中国的未来是光明的。我们总共有 8 位华裔诺贝尔奖获得者，而且这是华裔，并不都是真正的华人，如果在中国他们还能够获奖吗？所以我为什么要讲科幻、讲继续活着的理由呢？关键是从现在要呼吁中国人树立科普和科幻意识，因为现在这个世界，是一个科技的世界。

另外有一个人是一位俄罗斯数学家，名叫佩雷尔曼，也是一名犹太人，同时也是个怪才。2010 年 6 月 8 日，世界上最优秀的一批数学家聚集在巴黎给佩雷尔曼颁发千禧数学奖，但是他却不在场，他拒绝领这个奖，尽管这个奖被称为"数学界的诺贝尔奖"。奖金是 1 万美元，他拒绝了，就像当年的萨特拒绝诺贝尔文学奖一样。这对于普通人来说，确实是一个可望而不可即的荣誉啊，但是他拒绝了。甚至有几个数学家协会的领导几次找他谈话让他出席，让他领奖，他还是不去。当时，有个领导去找佩雷尔曼，佩雷尔曼是个非常懂礼貌的人，他虽然是个怪人，但是很优雅，他告诉这位数学领袖说："我需要考虑一下，如果决定领奖的话，会第一时间通知你们研究所。"佩雷尔曼还说："我愿意跟我妈妈住在一起，我不愿意参加那些世俗的纷扰。"他觉得世俗太喧闹了，这些数学家们的功利心太重了，佩雷尔曼的这句话，给当时的中外学术界一记响亮的耳光，因为他的心态是非常阳光的，是飘逸的，是超凡脱俗的，而我们整个世界，却太世俗化了。

中国的科学界，我相信这样的人很少。这就是我为什么要讲这两个人的故事，尤其是人活着的价值和意义，此外我也想借此呼唤中国的科学精神。

第五讲　真 理

捍卫生命的价值和尊严

真理是什么？智慧是方法论，真理就是价值观，真理就是一个人在生命中恪守和捍卫的价值观。真理的象征性动物是狮子。

真理和信仰的真正内涵

美国哲学家詹姆斯在《生命意识》一书中讲道：哲学在人类事业中是最崇高而又最平凡的，它在最细微的地方下工夫而展开了最宽广的思想。人们说哲学烤不出面包，但它却能鼓舞人们，使人们勇敢起来。

因此，我们有必要从哲学的角度去探索一个话题：思想能不能烤出面包。在此之前我介绍了“贺雄飞全人教育模型”，其中提到了影响教育的六大因素：灵魂、品格、智慧、道路、真理和生命。前文都集中在灵魂、品质、智慧和道路上，本部分的核心就是讲真理。

真理是什么？智慧是方法论，真理就是价值观，真理就是一个人在生命中恪守和捍卫的价值观。真理的象征性动物是狮子。

先讲一则关于真理的笑话。诗人里尔克有一篇非常有名的小散文，名字叫《上帝与穷人》，讲到上帝从天空中看人类的时候，看到在一个屋子的角落，有一个失业的雕塑家特别贫困，上帝就非常怜悯，然后就问他："能不能给这座城市塑一个雕像？"后来这位雕塑家就给这个城市塑了一个裸体男人的雕像，这个雕像被命名为"真理"。名为"真理"的雕塑在市政府展览的过程中，身上是裹着一件衣服的，任何人都不敢打开裹在"真理"上的这件衣服。因为一旦扯开这件衣服，就会发现"真理"赤裸裸的非常难看，这就是"真理"的隐喻。其实，真理是一个具有智慧和思想的民族价值观的体现，一个民族如果没有真理的话，这个民族是不能发展的。

关于犹太民族，如果让我用一句概括的话，那就是：这是一个由信仰上帝到信仰真理，再到信仰法律的民族。上帝和真理都是先验的或超验的，都是看不见摸不着的东西，如果一个人不信仰上帝，怎么可能信仰真理呢？既不信仰上帝又不信仰真理，怎么可能信仰法律呢？犹太人首先是信仰上帝，在此基础上，有了上帝自然也有真理，有了真理才诞生了法律，所以这个民族由信仰上帝，到信仰真理再到信仰法律，恰恰完成了一个现代文明的转换。刚才讲法律是捍卫秩序的，捍卫现成的秩序，没有法律社会就不能真正和谐。

我称这个社会为野蛮的物质主义时代，真正有信仰的人又有多少呢？那么，究竟什么是信仰？所谓的信仰，就是相信某种东西是真的。一个人如果没有信仰的话，他就无所畏惧。

我有个习惯，吃饭的时候，动物的内脏包括心、肝、肺、肚、肠这类东西，我从来不吃。倒不是因为我要守什么戒律，这是因为我曾经看过一个南京的学者写过这样一篇文章，文章的题目叫《为一只蝎子喝彩》。南方人吃的一种东西叫“醉虾”，就是把生的虾和蝎子放在一个碗盆里，然后用酒把蝎子和虾给泡醉了。泡醉以后就拿筷子夹起来活着吃，感觉特别鲜美。有一帮领导在一起吃饭，吃这个醉蝎，结果有一只蝎子没有被醉倒，把一个人的牙床给咬了一口。蝎子是有毒的，结果这人就半身不遂终身瘫痪了。所以南京大学的教授就写文章说，为这一只蝎子喝彩。我们中国人是逮什么吃什么，尤其是“非典”期间，吃果子狸。南方人吃活老鼠、驴肝、猴脑，逮什么吃什么。所以我就得了一结论：一个人什么东西都敢吃的话，这个人什么事都敢干。其实我说这个事情就涉及信仰问题，因为你什么都不相信了，无所畏惧了，自然什么东西都敢吃，有可能什么事情都敢做了。

我在北京参观过首都机场附近一个中国乡村博物馆，里面有很多用天然的石头做的艺术品，但是展览的艺术品全是吃的东西。所以，我觉得我们的文化在某种意义上来说，就是关于吃的文化，而恰恰缺少信仰。即使不相信上帝或者鬼神，总应该相信科学吧。什么都不相信，没有任何信仰，这是最可怕的。

所谓信仰，犹太教把信仰分为六层含义：第一层是正直地说话；第二层是正直地做事；第三层是不撒谎；第四层是拒收贿赂；第五层，闭目不见丑恶之事物；第六层，闭耳不闻丑恶之闻。能够做到以上六点，一个人就是有信仰的人。

我们中国的许多腐败分子，既不能正直地说话也不能正直地做事，既撒谎又收贿赂，这是很可怕的。犹太人正是因为有了信仰才能够战胜苦难，他们面对一切苦难和黑暗的时候，相信上帝一定会拯救他们。摩西在公元前 13 世纪率领着几十万犹太人在西奈半岛流浪了 40 年。如果没有信仰，不相信上帝会去救赎他们的话，他们可能就活不下去了。

当前，很多的大学生，因为失恋或者找不到工作就去自杀，其实在本质上讲就是因为没有信仰，包括前一阶段中国深圳发生的富士康员工连续自杀事件。那么，这些员工为什么要自杀呢？我觉得除了公司环境、社会环境的原因之外，还有一个很重要的原因就是这些年轻的员工，“80后”的农民工，整体没有信仰。他们的父母这一代虽然没有信仰，但身上还有一种吃苦耐劳的精神。而这批孩子们，他们接受的是现代的教育，一下子到了一个非常压抑的、窒息的、缺乏交流、缺乏欢乐的场所，把人完全变成机器了，当然感觉找不到生命的意义，所以就要自杀了。当然，这也是富士康的现实导致的。

犹太人的价值观和真理还有一个重要主张，就是反对偶像崇拜。《塔木德》中总共有613条戒律，其中有365条反诫、248条正诫。所谓的“反诫”，就是他们认为人身上恶大于善，所以不准杀人，不准淫荡，不准撒谎，不准偷盗，不准贪婪，不准作假证陷害别人，这说明人容易犯这些错误，所以人身上是恶大于善。按照犹太人的宇宙法则，人身上有78%的恶，22%的善，所以上帝才定了那么多戒律。

这个民族几千年流浪，就靠着这些戒律生存了下来。后来遇到了反犹主义，遇到了希特勒屠杀犹太人和历史上十字军东征等这些情况。对此，拉比解释说，这613

条戒律中，一旦当你的生命受到伤害的时候，你其他戒律可以不执行，但是有四条戒律即使是自己的生命遇到了危险也必须捍卫，这四条戒律就是：

反对偶像崇拜；

不准杀人；

不准淫荡；

不准诽谤他人。

对于犹太人来说，这四条戒律即使是丧失自己的生命也必须捍卫，所以他们这个价值观是非常了不起的。我们中国是个崇拜偶像的国家，因为犹太教也好，基督教也好，伊斯兰教也好，基本上都是一神教，而佛教是多神教，比如什么菩萨、罗汉。民间传说就更多了，连孔子都被当成偶像，当成圣人。而犹太人不是这样，对于犹太人来说只有一个真正的被信仰的上帝，一个慈爱的高高在上的像父亲一样的主——耶和华。

而我们这样一个民族，最早我们畏天命，畏大人和圣人，而现代则是崇拜官员、歌星和影星，崇拜那些发了财的富翁。中国改革开放 30 多年，让一部分人先富起来，可是我们看看其中一些先富起来的人，却都是些什么样的人。我曾经写过一本书叫《儒商时代》，就是讲中国 20 世纪 80 年代是一个斗胆的时代，谁有胆量谁就能发财，那些最早经商发财的就是那些敢吃螃蟹的人；

到了90年代，就是斗财的时代，谁有钱谁就能发财；21世纪是一个斗智的时代，谁有智慧谁就能拥有财富，拥有未来。

中国最早发财的亿万富翁和大款以及成功人士中，有很多人是有胆量没文化的人，当初的成功只是靠着运气和胆量而发财的，所以在这个时代将会有很大一批人被淘汰。这批人的原始积累是充满了肮脏和血腥的，眼前看起来他们是有钱了，但是还没有真正成功，因为他们的身上还没有褪去那种人性中的贪婪、自私和丑恶的陋习。爱因斯坦说过这样一句话，他说我这辈子最大的愿望就是反对权威，不幸的是，我自己现在也成了权威，这是我巨大的悲哀。按照犹太人莫斯科维奇的观点，人世间的领袖有两种，一种是图腾式的领袖，就像摩西、林肯、华盛顿等，他们是用他们的思想、智慧、心灵和品格来感动别人的，人们因为他们的人格魅力而发自内心去追随他，去赞美他，去模仿他，这样的人是很了不起的；另外一种领袖，是偶像式的领袖，这种偶像式的领袖就是以暴力、诈骗、谎言为武器让你必须相信他，想方设法制造谎言来迷惑你，然后让你信任他，你一旦反抗他，他就会把你送进监狱。我相信，我们应该发自内心地去跟随那些内心和外表真正完美统一，有完美人格魅力的图腾式的领袖。

其实一个公司的领导、政府的领导，都应该有这样一种追求，让自己成为一个图腾式的领袖，这样大家就会发自内心去真正追随你，如果仅仅是靠权力或者靠金钱收买、拉拢、腐蚀员工，他的权力迟早要出问题的。

捍卫生命的价值和尊严

犹太人说捍卫生命的价值和尊严，我觉得这个观念在中国是非常具有现实意义的。钉子户自焚事件、三聚氰胺事件、赵作海事件等，为社会公平和正义敲响了警钟。一个和谐社会的根本是什么？正如温家宝总理所言，每个人都要过上有尊严的幸福生活，而要想过上有尊严的幸福生活，政府应最大限度地捍卫每个生命的价值与尊严。所谓的“幸福生活”，就是每个人都要过快乐而有意义的生活。只沉湎于过去黑暗生活的人，是绝望者；只贪图当下快乐生活而不追寻未来，今朝有酒今朝醉的人，是享乐主义者；只追寻未来的美好生活，而不享受当下的人，是苦行僧。真正幸福的人，是立足于当前并面向未来的人，也就是要过快乐而有意义的生活之人。

网上有资料说，曾经发生过这样一件事，中国有3名偷渡到以色列的民工在坐公交车时出了意外事故死了，以色列政府跟中国大使馆交涉，说要给这3名偷渡过去的中国人以补偿，因为这是三条鲜活的生命，生命是有价值和尊严的。后来，以色列政府终于找到这3名福建民工的老家，就跟他们的家属说有两种补偿方式，一种方式是一次性给予补偿，另外一种方式是每个月给予补偿，结果这几名家属说："这样吧，每个月很麻烦，就一次性补偿吧。"最后这些中国民工的家属，每人拿到以色列政府给的70万美金的补偿。

他们这种对生命的态度，让我非常感动。

同样是生命，还有一件事情，2008年发生在北京。有一个农民工的妻子在怀孕8个月的时候，到某大医院看病，因为当时咳嗽得特别厉害，先挂了口腔科看一下，似乎说应该转妇产科，到了妇产科，医生说快生了，需要做剖腹产手术。于是稀里糊涂把人弄上手术台做剖腹产，结果到半截这个妇女就断气了。这件事情成为一个很大的事件，因为当时的媒体报道说这个丈夫没有人性，在一个女人生命垂危的时候拒不签字，在这件事情上大家都把这位农民工当作罪魁祸首了。后来女方的家属起诉这个农民工和这家医院。这个事情影响很大，《南方周末》的记者就作了一个深度报道。采访了一下当事人，这个农民工说了这样一句话，他说 :“我并不是不珍惜这条生命，因为这里头有我的孩子和他的母亲两条生命，我是他的父亲。她明明得的是肺炎，十月怀胎她当时只有 8 个月，还没有到生产的时候为什么给她做剖腹产手术呢？”但是，因为这个农民工没有文化，不懂得怎么求助。说到这里大家明白了，也就是说是医生把这个病看错了，病人得的是肺炎，但是医院却按剖腹产做了手术。这是一个多么大的悲剧！

为什么要提起这件事情呢？并不是我本人对医生痛恨，我们得了病谁都难免去找医生。我在前面讲到犹太人看待医院、法院，还有学院的神圣性，我在想，如果一个国家所有的医生、法官和教师都堕落了，那么这个社会就很危险了，怎么能够和谐呢？这其中很重要的原因就涉及捍卫生命价值的问题。那么，犹太人为什么要这样？《圣经 · 旧约》中说，人是上帝按照自己的形象造的，《塔木德》中也讲道 :“人首先是以个体生命被创造出来的，这样做是要教导人们，无论谁毁灭了一条生命，上帝就视其为毁掉了整个世界 ; 无论谁拯救了一条生命，上帝就视其为拯救了整个世界 ; 对人类的冒犯就是对上帝的冒犯。”把一个人的生命价值和尊严提高到一个至高无上的地位。

所以我感觉到，中国的现代教育严重缺乏的首先就是生命教育。

我女儿在国内学校上学的时候，曾经有一次开家长会，好多家长和老师非常无奈，为什么呢？就是因为一些孩子经常搞恶作剧。有一次，一个女孩站起来回答老师问题的时候，后排的孩子偷偷把她的椅子给撤了，结果这个女孩子回答完问题后，这么一坐，“啪——”摔了一个大屁蹲儿，这一摔不要紧，尾椎骨给摔骨折了。然后，家长找学校，学校很无奈，他们也觉得很冤枉，怎么会预料到出现这个事情啊？最后就跟家长讨论，该怎么办。其实,这个事情,就是关于生命尊严教育的缺失，因为我们从小没有捍卫生命尊严的这个意识，所以孩子在搞恶作剧的时候，根本不考虑会产生什么后果。

我们知道美国这个国家，人人都允许持枪的，但是社会却是比较稳定的，发生意外枪击事件的概率很低。美国人为什么拥有枪呢？就是因为美国人的宪法明文规定，要捍卫每个生命的尊严。宪法规定，当政府的官员在对你进行不法侵害的时候，每个公民有权进行自卫，就是开枪自卫。如果你不敲门进入别人家，作为主人是可以开枪打你的。曾经有一个日本的学生闯入一户美国人家，因为没敲门被打死了，这种情况打死人就白打死了。

比如说中国的一些拆迁，大部分都是强拆，如果是美国，我祖传的房子突然说拆就要给我拆呀，作为公民就有权拿枪打死强拆者。但在中国这样一个传统的环境下，如果我们每一个中国人发给一条枪的话，大家想一想，会怎么样？我相信就彻底乱套了。但是美国不一样，从小就受宗教和法律的影响，他们对生命是非常重视的，不会轻易开枪伤害任何一个生命。

我记得在10年前有一次我去海南，在公共汽车上有一个人跟同行的旅客因座位问题吵起来了，吵了至少有5分钟，然后那个人很激动，突然拔出枪朝天开了一枪。这是多么可怕的事情啊。所以我现在呼吁中国的教育界，尤其是中小学教育，从现在开始，我们应该至少开两门课，一门就是生命教育课，一门就是公民教育课。一个人一旦出生了，就成为一个公民走向这个社会，他就对这个社会有自己的权利和义务。这个社会的法律以及文化传统对他有什么要求，应该清楚，因为每个人一旦清楚了自己的权利和责任告诉他清楚以后，就必须对自己的行为负责。

皇权专制和游民文化

在这方面，我觉得我们缺失的太多了。自秦始皇以来的封建社会，我们捍卫的基本都是一些帝王的利益。按照著名思想家李慎之的观点来讲，整个中国社会是一个以皇权专制和集权统治为主要文化传统的国家，也就是说主宰中国社会的是两种传统：一种就是皇权专制，一种就是王学泰先生讲的游民文化。皇权专制产生帝王，想方设法要奴役他的老百姓，老百姓被奴役到一定程度以后，就要想方设法地起义、革命、造反，自己当皇帝，当了皇帝以后继续奴役他的老百姓。于是中国封建文化传统的核心就是皇权专制，是皇权专制和游民文化周而复始的循环，这是一枚硬币的两面。

2010 年中国教育界不是有一个很大的争议吗？有人提出要把《鲁提辖拳打镇关西》这篇文章从中学课本中撤下来，我觉得应该撤，因为这篇文章宣扬一种暴民文化。这种暴民文化把杀人当成一种美感。提倡所谓的“暴力美学”，认为杀人是一种美，这显然不符合人性，而且也是反人性，这点就是我刚才讲的没有对生命的价值和尊严予以尊重。另外这也暴露出一个现象：中国人心目中的英雄，是以武力打天下的，包括金庸小说中的所谓英雄,比如会“降龙十八掌”的那些所谓的侠客，其实也是崇尚暴力。而且这种暴力还不像鲁智深、李逵这种蛮力，纯粹是一种想象和虚构的东西，一个“降龙十八掌”打下去比两颗手榴弹的力量都大，比一辆坦克的力量都大，你说这是不是太荒唐了。

所以我觉得，凡是喜欢武侠小说的那些人，都是头脑发达，四肢虚弱，既想除暴安良，又想主持正义，但是又没有胆量，于是就想象发明一种武器叫“降龙十八掌”。中国的这种武功，真是太虚幻了，它跟现实生活中那种强身健体的太极拳是有很大差异的，这些观念有待我们认真反思。

学者的地位高于国王

犹太人则与我们不同，怎么不同？在他们心目中，英雄的排行榜除了上帝以外，下来就是学者，然后就是法官、律师、医生、思想家、科学家、艺术家，他们认为这些职业都是最崇高的职业。现在我们回过头来看，这些职业也是收入最高的，比如医生，肯定是越年老越值钱，学者也一样。《塔木德》讲：学者的地位高于父亲，也高于国王；一个学者死了，我们没有人可以取代他，但是一个国王死了，我们所有的人都可以取代他。宁可变卖所有的财产，也要把女儿嫁给学者；为了使女儿嫁给学者，即使丧失一切也无所谓。学者的地位比父亲还高，比国王还高，学者在人们心目中非常神圣。

犹太人对读书很重视，学习是一种信仰，学习已经融化在他们的血液之中，一个人每天都在追问：你是否在努力地工作？你是否努力地自救，努力地思考？只有每天追问自己的人才能领到天堂的钥匙。一个人一旦读完一本《塔木德》或读完《塔木德》中的一章，这个人要请客吃饭，他的朋友也要请他吃饭，庆祝他读完《塔木德》的一章。如果这个人把《塔木德》这本书全部读完的话，全家都要为他庆祝。在犹太人的某段历史时期，对于读完《托拉》的人，政府是要给他免税的。所以读《圣经》和学习思考会成为一个至高无上和神圣的事情，因为犹太人认为整个世界是残缺而不完美的，我们每个人的理想就在于修复这个残缺而不完美的世界。而那些学者、律师、医生、思想家、艺术家、法官、科学家，是这些所有修复行业中最好的职业。

而我们的国家，包括刘备、刘邦、朱元璋，这样一些“人民的样板”和帝王将相，恰恰都不是学者，而且很多是流氓。这个也可能是文化的差异，我不知道这种差异对中国的文化传统究竟有什么意义。

律法和法律构成了和谐社会的基础

我们提倡建设和谐社会。那么什么才是一个真正和谐的社会呢？

2010 年底，温家宝总理在讲话中给中国人民承诺：我们要让中国人过上有尊严的生活。那么什么是有尊严的生活呢？

按照犹太人的观点，律法和法律构成一个和谐社会的基础。律法就是道德，完善的法律就是维持现有的秩序，只有道德和法律才能让这个社会真正和谐。大家想一想，如果一个社会的道德水平提高了，每个人的个体水平就会提高，那么他就会不杀人、不淫荡、不作假证陷害人，是不是法官和法院的任务就减轻了？这个社会就能变得真正和谐，这是一个基础。

在一个真正和谐的社会，政府应该想方设法尽自己最大努力保障每一个人的权利，同时让他们感到幸福，这同样是和谐社会的基础。而我们这个社会，有很多的问题，尤其是法律。

有这样一则犹太傻瓜的故事。说在一个傻瓜村，突然有一天发生了一桩谋杀案，这个傻瓜村的一个修鞋匠谋杀了他的一位顾客。这个修鞋匠很快就被抓起来，而且即将被法官判处绞刑。法官在宣判的时候，有一个人站起来说："法官，我们不能判他绞刑，因为我们这个小村庄只有一个修鞋匠。如果你把这个修鞋匠判处绞刑，以后我们怎么修鞋呀？"法官说："对啊，说得太好了，马上停止。"过了两天，法官又宣布说："百姓们，我现在向大家宣判，由于我们要判这个修鞋匠绞刑可能导致大家很不方便，但我们村里有两名修屋顶的，所以判其中一个修屋顶的死刑。"结果一个修屋顶的人不明不白地就被判处绞刑。这是对法律的嘲弄，也是对不公正的现实的真实写照。犹太人很有先见之明。

我出版过一本书叫《傻瓜书》，引用了这个故事，是想说明"犹太式幽默"中的智慧与思想。还有一个傻瓜村赫尔姆人的故事。说有一天犹太人过节，赫尔姆村里有一个村民叫笨伯，是非常愚蠢的一个人。村子的老村长也叫长老是最聪明的人，叫"蠢牛"。笨伯买了一件很好的过节礼物送给村长，这礼物是一条鲤鱼，搁在木盆中。这个"蠢牛"非常地高兴，哎哟，送礼物来了，看到这条鲤鱼活蹦乱跳，村长就围着这个木盆看呀。结果这条鲤鱼才不管他是什么长老还是村长呢，等他把脸凑到跟前去的时候，"啪"地一下就用尾巴打了这个"蠢牛"一耳光。村长非常愤怒："这还了得，竟敢打本长老，得赶快抓起来。”于是就把这条鲤鱼抓起来，然后“蠢牛”就说：“我们一定要以一种最严酷的刑罚，去惩罚这条敢于犯上作乱的鲤鱼。”什么是最严酷的刑罚呢？赫尔姆村的人每天都在讨论，讨论了半年以后就要宣判。这天人山人海，这是一个隆重的公判大会。在这半年中，由于这条鲤鱼被看守所收了，放在一个大木盆里养着，鲤鱼的身体长了一倍，很胖了，宣判的那天这条胖胖的鲤鱼被揪出来，村长“蠢牛”说：“赫尔姆村的人民百姓，我现在要正式宣判，这是一个最严酷的判决，判处这条鲤鱼被淹死。”于是，赫尔姆村的法警就把这条鲤鱼扔到赫尔姆村的大河里去了，扔下去的时候，大河溅起了巨大的水花。赫尔姆村的人民就高呼“万岁万岁”“长老万岁”。当然，这个村庄比较民主，不是这个长老就可以一手遮天，有几个智者就站出来说，你判处这条鲤鱼最严酷的死刑是被淹死，那么我问你一个问题，如果这条鲤鱼淹不死怎么办呢？长老就说：“这很简单，如果这条鲤鱼淹不死，我们把它抓起来判它终身监禁，把它关进监狱。我们从现在开始就建一个能把鲤鱼关进去的大水池监狱。”大家想一想，赫尔姆村这个村长也真是太“聪明”了呀！

第六讲　生　命

思想能不能烤出面包

人们赞美一个有钱人，并不是赞美他这个人，而是赞美他的钱。每一个无知的富人的每一次炫耀，就是对俗气的炫耀。有四种人是令人讨厌的：第一种是傲慢的穷人，第二种是谄媚的富人，第三种是好色的老人，第四种就是擅长作威作福的领导。

发了财并没有成功

犹太人有一种传统，拉比在犹太会堂讲课的时候，凡是那些最有思想、最有水平的人必须坐前排，后排都是没思想的，坐在前排的人就很有智慧。坐在后排的人，永远希望能够坐到前排的长凳上。

生命是一种存在状态，包括健康、财富和一个人的自我创造能力。这一部分的核心是犹太文化的软实力。生命的核心是什么？在本我体现的是健康，在自我体现的是一个人的能力，在超我的情况下体现的就是创造力。

生命的象征性动物是狐狸。为什么是狐狸呢？《塔木德》中有一个关于葡萄园的故事：说有一只狐狸路过一个葡萄园，狐狸看到葡萄园的葡萄水灵灵的，垂涎欲滴，它就想钻进去吃葡萄。结果葡萄园外面有栅栏，狐狸身体很胖，钻不进去，然后它就饿了三天，饿瘦了，于是就钻进去开始大吃葡萄了，吃完以后想钻出来，结果却又出不来了。因为葡萄吃多了就又胖了，长胖了就钻不出来了，狐狸没办法又饿了三天才钻出来。出来以后，狐狸大声叹气，早知如此何必当初呀，这满园葡萄于我有何意义啊。

其实这就是生命的象征性意义。每个人都是赤条条地来，赤条条地去，就像吃葡萄一样。人生中所有对物质的欲望，其实就像狐狸吃的那些葡萄一样，当时为吃葡萄艰苦奋斗饿瘦了钻进去吃了，等你真正地吃到葡萄以后就胖得出不来了，还得饿三天，就等于没吃一样。当然这个过程，要赋予意义，如果一个人仅仅停留在本能的阶段，就是食、色、性的阶段，这个过程就毫无意义；如果在这个过程中，能够有一种精神的追求，就是信仰、求知和大爱，能够给人类作出自己的贡献，那么这个过程就还是有意义的。所以西西弗斯讲了，两端全是死亡，过程才是生命。

《塔木德》说，每一个人生下来的时候，两只拳头抱着头意思就是向社会拼命地索取，而临死的时候两只手都僵了，这就叫“撒手人寰”，每个人都是这样。为什么说生命的象征性动物是狐狸，这个寓言有象征意义，并不是说狐狸狡猾，这是对生命的一种暗示和表达。

按照中国的养生观点，健康有四大基石：平和的心态、均衡的营养、适量的运动和充足的睡眠。我觉得，从本我的健康来讲养生是需要的，现在这个社会看病难，看病贵，所以养生也是非常必要的。

这个时代，很多中国人认为发了财就是成功。其实犹太人不这样认为，犹太人认为，发了财并没有成功，真正的成功是拥有知识和智慧，文化和智力的寿命比金钱更长，这是犹太人的财富观。犹太人有几个关于财富的谚语：人们赞美一个有钱人，并不是赞美他这个人，而是赞美他的钱。每一个无知的富人的每一次炫耀，就是对俗气的炫耀。有四种人是令人讨厌的：第一种是傲慢的穷人，第二种是谄媚的富人，第三种是好色的老人，第四种就是擅长作威作福的领导。

他们对财富的态度很客观，一方面人活着就要有钱，因为通过赚钱，体现自己创造财富的能力；另一方面，如果把金钱和财富当成最终的目的，那么生命就没有什么意义。我的家乡是鄂尔多斯，现在号称 GDP 超过了香港，而且是中国亿万富翁最多的地方。前面我举了很多的例子，核心都是因为鄂尔多斯人没有财富观，没有财富哲学。那么，犹太人为什么有呢？犹太人说：当你们中国人开始卖假货的时候，我们犹太人已经开始印假钞票了。他们干得比说得早。他们还说：学者常到富翁家走动，是因为他知道财富的价值。富翁却不经常到学者家走动，因为他不知道知识的价值。把你所有的，卖给需要它的人，这不叫作生意；把你所没有的，卖给不需要它的人，这才叫作生意。所以他们还是追求智慧，只有智慧是永恒的。很多书中说洛克菲勒是犹太人，其实是错误的，洛克菲勒不是犹太人。索罗斯和格林斯潘这些人是犹太人，洛克菲勒公司曾经有一个总裁是犹太人。洛克菲勒讲过这样一句话："即使我现在身无分文，被流放到一个沙漠上，但是一旦在我面前走过一列驼队的话，我很快又可以成为百万富翁。"他非常自信，他的这个观点就符合犹太人的心态，因为他有智慧和能力。中国的很多富人为什么那么贪婪，为什么那么不满足呢？第一，他没有精神的追求，第二就是因为他们对财富没有一个正确的认识，缺乏一种真正的自信，所以他们就觉得只有挣到最多的钱才能有一种安全感。我认识很多的朋友，其实他们已经赚了很多的钱了，可还是要赚钱。为什么要赚钱呢？就是因为他没有安全感。但是，那些真正有思想、有智慧和有能力的人，即使破产以后，他的无形资产就如品牌也会挣很多的钱。

犹太母亲在教育小孩的时候，经常会问这样一个问题："对于你来说，最宝贵的东西是什么？"好多孩子说是空气，是水，是阳光，是钻石，是金钱，等等。但是犹太母亲说："最宝贵的是你的知识。"《塔木德》中讲了："一个人如果没有知识还有什么？如果有了知识你还缺什么？"当然这是能力和智慧。如果一个拥有很多知识的人还找不到工作，既发不了财也没有能力，没有智慧，那就是一头驴。犹太人反对这些有死知识的驴，而歌颂有能力和有智慧的人。

所以，犹太人母亲给小孩常讲这样一个故事：

一个犹太拉比去出差，跟一帮富翁同船，他们互相炫耀谁带的货物是最值钱的。这些人中有钻石商人，有黄金商人，还有各种各样的商人，他们互相都在炫耀自己的财富。后来这个拉比出来，他说："我最富裕，但是我这种财富是什么我不告诉你们。"这帮钻石黄金商人就嘲笑这个拉比，说你有什么呀，空空如也。他们航行到大海中间的时候，海上来了海盗，把船给抢劫了，那些带有黄金钻石的商人都被洗劫一空，顷刻间成为穷光蛋。等船靠了岸，只有这个拉比，很潇洒地到处联系教堂给人们演讲，结果他的钱呀，全部来了。而那些商人，困了几天连吃的都没有，怎么办呢，他们找到拉比说："你能不能帮助我们呀？还是你说得对，你是最富裕的人。"

可见对一个人来说，最重要的就是知识，只有知识是夺不走的财富。所以我要奉劝中国的年轻人，一定要去努力学习，把学习当作一种信仰，而且把这种知识当成一种智慧，只有这样的话你才能不断地为社会作出具有创造性的贡献。

那么，真正的成功是什么？并不是发了财，发了财并没有成功。我给成功下了六层定义：

第一，所谓的成功，不是你向社会索取了多少，而在于你给社会奉献了多少。

第二，所谓的成功，并不在于你赚了多少钱，而在于你在成功的路上流了多少泪水，付出了多少艰难困苦的代价。成功是要流泪的，是要付出代价的。

第三，成功与否，要看你成功以后变成一个什么样的人。很多人发财了，但仍然不讲诚信，没有信誉，没有情调，很枯燥，很无聊，没有幸福，没有快乐，那是成功了吗？我有一个朋友曾经给李嘉诚当过一年半的秘书，他告诉我说，他在给李嘉诚当秘书的过程中有一个惊人的发现，发现李嘉诚没有一天是快乐的，因为前半年他是担心他的生意，怕出现决策失误，后半年是担心儿子不争气。没有一天是快乐的，这就是一个心态。究竟成功没成功，就是看你成功以后变成一个什么样的人。

第四，成功不仅仅是使自己幸福，还应该给别人带来幸福。

第五，所谓的成功，就是你最大限度地挖掘了自己的潜能，同时能够超越自己简单的、物质的、肉体的欲望，并上升到一种永恒的对道德和精神的追求，从而去修复这个残缺而不完美的世界。

有报道说，近期比尔·盖茨和巴菲特要来中国召集富人们进行烛光晚宴和慈善晚宴，中国的一些富人就很响应，一些大慈善家，像陈光标，说是准备裸捐了，死活要捐。但是也有些人很讨厌比尔·盖茨和巴菲特，说："你们干什么来了，我们中国人缺的不是慈善的传统，迫切需要的是有关慈善的法律和技巧。"因为中国目前还没有关于慈善的明确立法，没有慈善法，这使得很多民间的慈善机构没有办法运行。

爱新觉罗·蔚然写过一本书叫《粮民——中国农村会消失吗？》，他要搞一个基金会，很多人要给他捐钱，但是个人是不允许办基金会的，只能挂在红十字总会或者中国慈善总会，挂在某慈善机构下面作为一个账户存在，但是所有的账都必须过机构的账，操作人并没有独立的自主权，没有独立的财物权。这些钱从他们这里一过，还要被抽取15%的管理费用。就是说有人给你捐进去1000万元，还什么都没有干呢，拿出来就只有850万元了，因为这么一挂靠，这150万元就白白留在了慈善总会作为他们的管理费和办公费了。所以，汶川地震的时候，中国台湾地区的好多商人自己直接去当地做慈善了，但是不捐钱。他们愿意捐物直接送给老百姓，但就是那样捐去的很多帐篷，结果都还被成都人打了麻将了。所以，在中国做慈善是一件很难的事情，花钱比挣钱还要难。同时我认为，我们中国人对慈善的理解也有问题，中国人认为慈善就是富人对穷人的一种怜悯，所以我爱捐不捐。

犹太人与我们不同，他们认为，因为世界是残缺不完美的，所以我们每个人有责任也有义务拿出自己的收入去帮助他人，这是一种权利和义务。只有这样，这个社会才能逐渐变得完美，才能体现人的正义、慈爱、道德、精神和怜悯。这些伟大的精神，我觉得中国慈善界还没有真正树立起来。在美国最早发财的是成功学大师卡耐基、石油大王洛克菲勒，靠的也是资源和技术。但是后期的新产业中基本都是犹太人，最主要的行业第一是股票金融业，因为股票金融业发财最快；第二就是黄金、钻石和百货商场，这个也赚钱快；等到后来，新兴的行业，凡是靠智慧、能力和头脑赚钱的行业，几乎都被犹太人控制了。世界上的亿万富翁之中有45%是犹太人，这个比例很说明问题。而且世界上的慈善家，很多都是犹太人，比尔·盖茨在美国的慈善家中排名第20位，索罗斯排名第3名，犹太人的慈善传统是很强的。

犹太人擅长的行业，除了金融、黄金、钻石、百货商场以外，还有就是计算机。我前面讲了，英特尔公司的创始人安迪·格鲁夫、微软现任总裁鲍尔默、戴尔公司的迈克尔·戴尔、谷歌公司创始人谢尔盖·布伦等全是犹太人，计算机业有33%的精英都是犹太人，这是世界第三大行业。第四大行业就是影视和新闻出版，美国的《纽约时报》《华盛顿时报》的老板都是犹太人；新闻界的泰斗普利策和路透、华莱士，这些都是犹太人。

好莱坞几乎所有的公司都是犹太人开的，如米高梅、派拉蒙，像斯皮尔伯格、卡森伯格，像迪士尼乐园最辉煌时期的总裁迈克尔·艾斯纳，像大导演爱森斯、波兰斯基都是犹太人。新闻出版产业中的蓝登书屋也是犹太人开的。

另外一个就是在美容行业。真正能赚钱的行业就是靠一种观念，美容行业的三大美容帝王有两个就是犹太人，雅诗兰黛和鲁宾斯坦，后者同名品牌被欧莱雅收购了。人们相信的其实是一种观念，一种渴望美丽的观念，告诉你我能带给你美丽，卖的就是一种观念。所以，我最后要重复一句刚才讲的有关犹太人的财富观,就是“一个人发了财并没有成功，真正的成功是拥有知识和智慧”。

另外一点就是，文化和智力的寿命比金钱更长。许多犹太老头都是些有趣、有能力、有智慧的人，无论什么时候，社会都是属于这些精英的。所以，犹太人讲的“二八法则”其实就是说，78% 的穷人只拥有 22% 的财富，22% 的富人却控制了 78% 的财富。他们要赚少数人的钱，而不是赚大多数人的钱。

生活中的智慧

一个人必须要有对生命的终极价值的思考能力。关于这个问题，伟大的德国哲学家康德讲过这样三句话：

我是谁？

我能够做什么？

我应该希望什么？

“我是谁”，其实就是一个人的自我认识。比如说大家今天在这儿听我演讲，那么大家就是观众；如果一会儿有人跟男朋友去约会，那她就是他的女朋友；如果一会儿你跟你的儿子在一起，你就是他的爸爸；或者一会儿跟你的员工在一起，那你就是老板；一会儿跟你父母在一起，那你就是儿子。所以人的角色是在不断地变化，“我是谁”就是一种存在的状态。很多人就是搞不清楚每个时间段里自己是谁，跟老婆在一起他还把自己当老板，跟员工在一起他以为自己是人家老爸，跟女客户在一起他以为自己是人家的男朋友，角色一旦错位就把一切都搞乱了。

“我能够做什么”，这是一种理性判断。当你有这样一种能力，有这样一种实力做你能做的事情的时候你就去做，如果你觉得没有这个实力，那你就慢慢做，过几天再做。在这一点上理性很重要，智慧的第二层含义就是理性。真正的理性，就是不但能看到短期利益，还能看到长期利益。所以《塔木德》讲了：“如果我们自己不为自己，谁为我们？如果我们仅仅为了自己，我们成了什么？我们到现在还不明白，何时明白？”如果你是一个利己自私和任性的人，是不会获得太大成功的。所以，人要有理性，学会控制自己。人不能既贪婪又任性，把人性之恶发挥到极致，这样的人不会有太大作为。

“我应该希望什么”，这是一种道德诉求。

我们希望这个世界更美好，希望人的心灵更美好，希望这个世界有道德，就是代表一种理想，代表一种愿望。凡是那些能够认清我是谁，又知道我应该做什么，还知道我应该希望什么的人，他们才是真正有智慧的人，才是真正有理想的人。好多人没有理想，不知道希望什么，所以说文学中有三条永恒的标准，就是真、善、美。很多作品文笔很好，但是呢，假，不真实，那么这种作品的存在没有价值，尽管语言很优美但没有价值。善，就是完善，我认为就是艺术的美。而真正的美是什么，最美的还是道德。就像一个妓女，比如羊脂球，她虽然外表丑陋但是她的心灵是美的；反之，一个美女虽然身材很苗条，很美丽，但性格很暴躁，说出来的话很刻薄，心像毒蛇一样，还是一个长舌妇，你觉得这样的一个女人她还美吗？所以，人类最终一定要丰富自己的内心，提升自己的道德。

我曾经到一个电视台的演讲。当时我曾经说过一句话，我说的这句话，肯定是电视台所有女主持人都不喜欢的。但是，我还是要说。我说：“虽然你们的胸脯一个比一个高，但头脑却一个比一个糟。”一个人其实最重要的就是他的心灵和大脑，这些最重要的如果没有，仅仅有外表，就很难成为一个有魅力的人，也不会成为一个真正成功的人。

因此，每个人都应该学会自我认识，分析自己的角色，为人处世既有情感也有理智，才会成为一个完美的人。

有这样一则犹太笑话，说有两个人去澡堂洗澡，到了澡堂以后把衣服脱光了，一个人看了看另外一个人，心想：我怎么样跟他区别呢？你想想，人到了澡堂把衣服脱光，人和人怎么区别啊，很难区别的。这人想了半天，一低头发现地上有一根红头绳，他就捡了起来，拴在自己的大腿上，他说："我跟他的区别就在于，我的大腿上拴了一根红头绳。"后来他洗完澡就出来了，但是洗澡水把那根红头绳给冲下去了，他没注意。结果，另外那位也有同样的困惑，他想：我跟他怎么区别呀？一低头地上也有一根红头绳，他就捡起来也拴在自己的大腿上，然后洗完澡出来。两个人都出来以后，第一个人看了看第二个人大腿上拴着的红头绳，他就说了："这个家伙是我，那么我是谁啊？"

这个故事绕来绕去，绕出了一个真实问题，就是"我是谁"。那么，我是谁呀，其实核心就涉及自我认知，涉及人与人的区别是什么。其实这个问题同样能够上升到商业，我们做商业策划书的时候，大家应该记住这句话：我跟他怎么区别。也就是我做这个书店，我做这样的产品，我跟别的同类的产品怎么样区别。包括演讲，其实我是不会演讲的，我的口才也不好，但是呢，由于我是一个边缘化人物，我经常给学者们出书，包括一些大腕学者像秦晖、朱学勤，经常跟他们参加一些沙龙，他们要演讲，最后给我留 5 分钟发言。你想前边都是一批大腕的学者，清华大学、复旦大学、北大一些全国一流的思想者，而且口才都非常好，就像钱理群先生、朱学勤先生，那种口才，我形容之为“宛如黄河之水天上来，奔流到海不复回”，真是太棒了。包括“哲学乌鸦”黎鸣先生，写《中国人为什么这么“愚蠢”》《西方哲学死了》《命运的诅咒》《道德沦陷》《悲剧的源流》等，写出这么一批书的人去演讲。而且我后来跟他在全国 60 所大学，搞思想文化两万五千里长征，作了两百场演讲，每次都两个小时，他先讲我后讲。起初，我几乎没有机会讲，每次给我 5 分钟。所以那时候我就在想，我这 5 分钟该讲什么，我这 5 分钟能不能跟这些学者有所区别，如果区别开来，我就会成功，如果讲的都是重复别人的话，就是陈词滥调，没有自己独特的思维和见解，那么我永远也不会成为一个演讲家。我现在很自信地认为，我是一个演讲家，而且我现在还敢于跟那些公认是演讲家的所谓的“四大名嘴”叫板，就像我敢于跟中国的那些教作文的专家叫板一样，因为我认为真正的演讲不是体现口才，而是体现思想。他们演讲的时候就像泡沫一样在空中抓了一把又一把，但是讲完后，谁也记不住他究竟讲了些什么，因为他们没有思想和智慧。

做产品也一样，做书也一样，当你做这本书的时候，第一必须想我这个产品跟同类产品怎样区别呢，就从开本，从定价，从装订，从封面，从标题式，从宣传策略，从包装到一切的全方位的区别，当你记住这句话，把这句话融化在你的血液之中的时候，你已经迈开了成功的步伐。

犹太智慧的核心，就是培养有智慧和有能力的人，经常和成功者坐在一起探讨什么是成功。

最后，我用西方存在主义先驱克尔凯郭尔的三句话来总结。克尔凯郭尔认为：所谓的人，第一即个性，第二即创造，第三即自由，这才是一个真正的人。

最后，讲一个故事，就是《关于生活的三条忠告》。

有一天一个猎人捕获了一只懂七十种语言的小鸟，猎人非常高兴。小鸟说：“猎人你能不能把我放了，你放了我，我就告诉你关于生活的三条忠告。”猎人说：“可以，只要你讲给我，我就放了你。”小鸟就讲了：

第一条忠告：做事千万别后悔；

第二条忠告：如果有人告诉你一件事，你认为不可能的话你就千万别相信；

第三条忠告：如果做某件事你爬不上去的话，你就别费力去爬。

讲完以后小鸟说：“我说完了，放了我吧。”猎人就依言放了小鸟。然后小鸟就飞到一个树枝上，并对猎人说：“愚蠢的猎人呀，你为什么要放我呀，我的嘴里有一颗价值连城的珍珠，我正是因为嘴里有这颗珍珠才变得这么聪明。”猎人很后悔，然后就背着枪开始爬树去追这只小鸟，结果爬到树中间就掉下来了，摔断了双腿。小鸟就嘲笑他说：“猎人呀，愚蠢的猎人，我告诉你做任何一件事，你千万别后悔，结果你现在后悔了。我又告诉你，说如果有人告诉你一件事情，你认为不可能就千万别相信，结果你相信像我这样的小鸟嘴里竟然还有一颗价值连城的大珍珠，那可能吗？我还告诉你，如果你做一件事情爬不上去，你就别费力去爬，你非要爬上去抓我，结果摔断了双腿。”说完以后小鸟就飞走了。

这个故事告诉我们什么道理呢？对于一个聪明人来说，受到一次教训比挨了一百次鞭子还深刻。“张悟本事件”发生以后我在网上发了一篇文章，点击量非常高。透过张悟本事件，我看到了中国人的思维方式，整体就是缺乏自己的一个独立判断。比如说好多电话、短信诈骗，什么领奖诈骗，其实很幼稚很愚蠢，好多人虽然也怀疑但还是相信了。所以这个故事就忠告你：如果有人告诉你一件你认为不可能的事，千万别相信；张悟本也一样，他告诉你绿豆汤能治病或者白萝卜凉拌茄子能治病，你认为不可能就别相信。而中国人恰恰有这种神化别人的习惯，我们经常会听到好多人说我崇拜某某之类的话。所以，我们应该努力改变自己的思维方式，应该让我们变得理性一点，去进行分析。我相信这三条忠告将会陪伴大家一生：

第一，做了事情千万别后悔；

第二，如果有人告诉你一件事情，你如果觉得不可能就千万别相信，这样你就永远不会上当受骗；

第三，做任何一件事，一旦你认为自己爬不上去，就别费力往上爬。

犹太人的幽默

我研究过犹太人中长寿的老头，那些长者像萨缪尔森活了 94 岁，弗里德曼活了 96 岁，弗奇戈特活了 92 岁，“公关之父”伯奈斯活了 103 岁，蒙塔尔奇尼 103 岁仍健在，我发现他们有两大特点：

第一，这些人都是非常有思想、有追求的人，他们不闲着，生命不止战斗不息，而且永远劳动，终生工作，永不退休。

第二，他们都非常幽默，有非常好的心态。因为一个人要做到幽默，不仅需要一个良好的心理素质，同时也需要很高的思想和智慧。

经过研究我认为，我们中国人的幽默和犹太人的幽默有很大的区别。我曾经写过一本书叫《傻瓜书——“犹太式幽默”中的智慧与思想》，幽默是犹太人面对黑暗和苦难的心灵鸡汤。通过那些浸泡在苦涩中的“含泪的笑话”，犹太人调侃和嘲弄权力与神圣，讽刺和批判人类的劣根性，从而抵抗和超越世俗生活的悲苦与无聊。在我看来，中国人根本就没有幽默感。中国人的幽默基本上都是讽刺，现在代表中国人幽默最高境界的就是赵本山的小品、郭德纲的相声和周立波的海派清口。上次我在深圳演讲，就有人问我：“你对小沈阳怎么评价？”我说：“你愿意让你的儿子成为小沈阳吗？”真正的高级幽默是什么呢？是一种自我解嘲，是一种悲剧式的自嘲，他不是批判别人，而是批判自己。批判别人当然很容易啊，当然又能批判别人又能批判自己，就是高级幽默。真正幽默的最高境界，最起码不应该让观众变成一头快乐的猪啊！

让观众变成快乐的猪以后，作品的价值就没有了。好的作品，无论是什么作品，应该提升读者和观众的智慧，让他们去思考，这样的幽默我认为才是高境界的。犹太人几千年来流离失所，他们最伟大的理想就是渴望弥赛亚对他们的拯救。但是到现在弥赛亚还没有来，所以他们觉得受到了打击，这是磨难，所以他们要自我批判地反省和自嘲，于是贝克特写了一部话剧叫《等待戈多》。这个话剧获了诺贝尔奖，等待狄狄和戈戈啊！上帝一直没来，这是犹太人的一种独特思维。

基督教认为上帝派他的独生子耶稣基督来了，犹太教跟基督教是有区别的。他们等待的救世主没有来，为什么没有来，这就需要反省，是因为没有按照上帝颁布的 613 条戒律去做。没有做好，要想做好就必须进行自我审判或者忏悔和悔改，在文学上称“自嘲”。他要进行自嘲，这是最高的境界。当然嘲讽别人很容易，嘲讽自己那是需要勇气的。

有这么两个犹太笑话，第一个笑话说：白雪皑皑的大山上，有两只北极熊，母子两个，小熊依偎在他母亲的怀抱中，对母亲说：“妈妈啊，千万别听别人忽悠，我实在是太冷了。”人们都认为北极熊不冷，其实北极熊也冷，这是一个幽默。

另外一个幽默是：有一个犹太小孩，因为他爷爷装了一嘴假牙，他就老缠着他爷爷，说：“爷爷，爷爷，能不能把你的假牙拆下来，让我看一看？”爷爷就把假牙拆下来给他看，看完了爷爷又安上，他又说：“爷爷你再拆给我看。”爷爷于是又拆，就这样连着拆了四五次，就不让拆了，因为这小孩觉得没意思了。然后过了一会儿他又说：“爷爷，爷爷，能不能我再提个要求啊？”爷爷说：“可以啊。”他就说：“能不能把你的鼻子也拆下来让我看看啊？”他以为鼻子也是假的。这是个流传很广的犹太笑话。

真正的幽默就是以卡夫卡和卡尔·克劳斯为代表的那种悲剧式的自嘲，卡夫卡说：“命运就像绳索一样，拉在地上，与其说它是阻挡我们的，不如说它专门是用来绊人的。”他还说：“生命是一间拥有两个卧室的房间，一个房间住着痛苦，一个房间住着欢乐。人呢，不能笑得太响，否则就会吵醒隔壁的痛苦。”他这个幽默具有很高的思想含金量。

卡尔·克劳斯说过这样一句话，他说：“政府不允许收养野生动物，本人又对宠物没有兴趣，所以至今单身。我曾经梦见自己为国捐躯，但是一个给我抬棺材的人，却向我索要小费。”他这句话，是典型的悲剧式的自嘲。正如美国戏剧家兼导演的犹太人伍迪·艾伦所说：“我小时候长得并不好看，我是长大以后才有这副面容的。”他还说过这样一句话：“我结婚三次离婚三次，但是没有赚到一分钱。”他还说：“我终于达到了一次性高潮，但是医生却对我说‘不是那回事儿’。”而笑星马科斯兄弟的很多话比伍迪·艾伦的自嘲更生动有趣，他说：“朋友，你愿意娶我吗？你有钱吗？先回答第二个问题。”所以女朋友见到男士要这么说：“你愿意娶我吗？你有钱吗？请先回答第二个问题。”

芭芭拉·史翠珊相貌很古怪，而且是一位非常有争议的美国偶像派代表人物。她是最优秀的歌手中的佼佼者，而且是20世纪真正独一无二的艺术家，她获得了1项托尼奖、2项奥斯卡奖、6项艾美奖、8项格莱美奖、10项金球奖和50张金唱片奖。史翠珊是一个犹太女孩，她以异乎寻常的才华征服了世界，正如她所说：“我是一个自由派人士，一个固执己见的犹太女权主义者，我在许多问题上都有所行动。”她说：“我的鼻子，好像是故意跟我作对似的。”在谈到她童年的日子的时候，她说：“我们家真是穷死了，但是我们拥有许多金钱买不到的东西，比如没有付过的账单。”在1963年5月的某一天，芭芭拉·史翠珊在一个晚宴上演唱，遇到了肯尼迪总统，肯尼迪总统是美国最风流的总统，他有句格言说："阅尽人间春色，一不留情，二不缠身。"据说跟玛丽莲·梦露还有一腿，后来不是被刺杀了吗。究竟如何死的，这至今还是一个谜。也有人说是玛丽莲 · 梦露杀的。玛丽莲 · 梦露的丈夫是犹太人，叫阿瑟·米勒，是非常著名的戏剧家。芭芭拉见到肯尼迪总统后，就和肯尼迪开玩笑说："总统先生啊，你真是太讨人喜欢了。"肯尼迪很有礼貌："请问小姐，你唱歌多久了？"史翠珊说："我唱歌时间不长，跟您当总统的时间一样长。"她回答得很智慧。芭芭拉的成功意味着：她给无数相貌平平的女孩带来了明天的希望，让她们的生活变得非常有盼头，她用智慧，用自己独特的智慧和个性烤出了面包。这就是史翠珊，长得非常一般，很平庸，家里很穷，但是她取得了巨大的成就，而且很幽默，很有魅力。

犹太寿星和会思想的女人

下面该回过头来讲讲那几位长寿的犹太老头的故事：

第一个就是"伟哥之父"弗奇戈特，这个人是 2010 年 5 月 25 日去世的。他活了 92 岁，他有关一氧化氮有助于扩张血管的研究，促成治疗阳痿的药物的诞生。第二个就是科斯托拉尼，他活了93岁，被称为“证券教父”或者“欧洲的沃伦·巴菲特”和“20世纪股市的见证人”。他虽然没有巴菲特那么有钱，但是赢得了“证券教父”和“股市教授”的美称。他从20世纪70年代开始，就开始在德国各大城市的咖啡馆中开办股票培训班。他教导人们：要想在股市上取得成功，不是靠计算，而是靠思想，用脑子思想。要想从我这里得到重要的建议，结果会使你失望，如果有什么建议的话，那我不过是要告诉大家：股市只是银行和利益集团企图向公众兜售某种股票罢了。他最著名的建议就是：要投资者买一只潜力股，然后去买一瓶安眠药，吃上以后，睡一觉，当你醒来以后，你就变成一个百万富翁了。科斯托拉尼主张价值投资，他常跟人们说：“要是想去股市上赚钱的话，还不如在你们的孩子身上投资，种瓜得瓜，种豆得豆，这是最好的投资。”他还有一句名言就是：“钱多的人可以做股票，钱少的人不可以做股票，没钱的人必须做股票。”

科斯托拉尼最喜欢的两个笑话是什么呢？

一则笑话是：有一个儿子，刚毕业，开始做生意，有一天告诉爸爸说：“爸爸，告诉你一个好消息，我开始收购羊皮了。”爸爸问羊皮价格是多少，他说是100

块钱一张。第二天他就给爸爸打电话说：“我告诉你一个好消息，羊皮已涨到120块钱一张了。”他继续收购。第三天，他又给爸爸打电话说：“爸爸，再告诉你个好消息，羊皮又涨了，130块钱一张了！”他继续收购。第五天，他又告诉爸爸，羊皮又涨价了，已经 150块钱一张了，他爸说：“你快抛啊。”他说：“没人抛啊，就我一个人在收啊。”

另外一则故事说，有一位奥地利某乡村小报的总编，有一天跟朋友说：“我告诉你一个重要消息，我写了一篇批判普鲁士国王的文章，今天在我们的小报上发表,明天国王一定会气死的。”这就是科斯托拉尼的幽默，讲笑话正是他长寿的秘诀。

另一位犹太老头是1970年诺贝尔经济学奖得主萨缪尔森，活了94岁。他说过这样一句话：“据说骡子既无法为祖先自豪，又不能寄希望于后代。至于经济学家，至少还可以说他有一个辉煌灿烂的过去。但是，新经济学有前途吗？在未来的岁月里，我们的子女会不会围坐在火炉边，好比说手里拿着计算尺，讲述巨兽或者恐龙在大地上游荡那种年月里的传奇故事，直到原始的野蛮人把他们从地窖中赶出去！”他非常幽默，曾写过一本书叫《中间道路经济学》。最早他在哈佛大学，因为美国也有反犹主义，后来哈佛大学把他排挤到麻省理工学院。后来，另外一个诺贝尔经济学奖得主索洛也去了麻省理工学院，2008 年诺贝尔经济学奖得主克鲁格曼也去了。从此以后，哈佛大学的经济学再也比不上麻省理工学院的经济学了。

当今的经济学界，分为三大派别。

第一派别叫新古典综合派，这个学派以萨缪尔森、索洛还有克鲁格曼这批犹太学者为代表，他们继承了资本主义诞生以来的斯图亚特·穆勒和大卫·李嘉图，以及凯恩斯这样一批经济学家的观点，主张政府干预经济和混合经济。以萨缪尔森为代表的这一派叫新古典综合派，他们认为一个国家既需要计划经济，也需要市场经济。

第二派是以犹太人米塞斯、哈耶克还有弗里德曼为代表的奥地利经济学派和货币主义经济学派。弗里德曼活了 96 岁，他是典型的自由主义市场经济学家，创立了以他为代表的自由主义学派。

第三派就是以西蒙·库兹涅茨为代表的数量分析学派，或者叫图表派，这批经济学家就是通过图表来分析经济状况。这三派的主要代表人物全是犹太人，而萨缪尔森是最主要的代表。在谈到中国的未来时，萨缪尔森曾说过这样一句话："我相信，中国只要按照目前的这条路前行，就有望在 2020 年成为全世界第二强国或第三大经济强国，但要达到那种程度，中国要记住混合经济并学会运用税收和分配来缓解私人财产体系带来的贫困和不平等，我不认为转向纯粹的资本主义是正确的答案，但我真诚地祝愿中国顺利。”他强调了中国应该实行混合经济，即市场经济加计划经济。另外，中国要学会运用税收的杠杆来解决贫富两极分化的问题。

接下来讲讲犹太女人，犹太女人是世界上最有魅力的女人，无论是诺贝尔奖得主耶利内克，还是“世界三大美容帝王”之一的雅诗兰黛。第一大美容帝王是雅诗兰黛，第二大帝王是鲁宾斯坦，都是犹太女人，而鲁宾斯坦同名品牌现在被欧莱雅收购了。另外呢，我认为世界上有六位可称为女思想家的女性，除了西蒙娜·波伏娃以外，另外五位女士都是犹太人，分别是苏珊·桑塔格、汉娜·阿伦特、西蒙娜·薇依、鲁思·本尼迪克特、阿·弗洛伊德，世界上真正能够称为女思想家的只有她们六位。

还有一个非常有名的女作家，叫莎乐美，被称为尼采、里尔克和弗洛伊德三个人的情人。

尼采因为驾驭不了她很痛苦，为此尼采曾经说过一句著名的话："见了女人，你千万别忘了带上鞭子。”这句话就是为莎乐美而说的。

而欧洲大诗人里尔克一辈子为莎乐美写了 200 多首情诗，最后她被誉为“阳光和玫瑰的情人”。

弗洛伊德临死的时候，他桌子上放的就是莎乐美的照片。

莎乐美是个西班牙籍的犹太女人，还是一名作家。1926 年，伟大的诗人里尔克带着莎乐美去俄罗斯访问，拜访了画家老帕斯捷尔纳克和作家托尔斯泰。

据最新统计，世界上有 5 位女科学家获得了诺贝尔奖，其中 4 位是犹太女人。一位是 1977 年诺贝尔生理学或医学奖得主耶洛夫人。第二位是 1986 年诺贝尔生理学或医学奖得主蒙塔尔奇尼，这位老太太 103 岁了仍健在。第三位是 1988 年的诺贝尔生理学或医学奖得主伊莱昂，第四位是科里夫人。在文学方面，1966 年的诺贝尔文学奖得主奈丽 · 萨克斯、2004 年的诺贝尔文学奖得主耶利内克,以及 1991 年的诺贝尔文学奖得主奈丁·格迪默，都是犹太女人。

一个民族能产生这么多优秀的女人、长寿的女人、美丽的女人，我想，跟它的文化是分不开的。所以我称犹太女人是有思想的女人、会思想的女人。

说到这里，我想起了另外一个犹太老头——被称为“广告之父”的爱德华 · 伯奈斯。伯奈斯是著名的心理学家弗洛伊德的亲外甥，他母亲是弗洛伊德的妹妹，这个爱德华 · 伯奈斯活了 102 岁。他一生中做的最重要的一件事，就是让女人抽烟成为时尚。当时美国女人都不抽烟，因为他的广告策划而让抽烟成为时尚。当抽烟成为时尚以后，他最痛苦的就是他的夫人也开始抽烟。这个人很有意思，据说睡觉的时候别人打电话给他，他接电话的时候睡眼惺忪，就说："找伯奈斯吗？请等一下。"然后他定两分钟神，用毛巾擦擦脸，换上一个非常亲切的笑容，这才对着话筒说："喂，你好！我是伯奈斯！"他真的非常优雅。88 岁的时候，他的夫人突然去世了，曾经在一段时间里他非常痛苦，每天都去泡酒吧。突然有一天深夜回来，他激动地告诉他的一个邻居说："一个同性恋者看上我了，而且还亲了我一口。"每天黄昏，他要和一个邻居出去散步。一天发现前边有一个美女，身材非常苗条，他们两位八十多岁的老头就拄着拐棍追着上前去看，结果看了以后全傻了，原来是个男人，男扮女装。这个人真的特别有趣。我喜欢这些有趣的人、有魅力的人、有个性的人，而中国这样有理想、有激情、有魅力、有个性的人却又太少了。

思想能不能烤出面包

关于犹太文化的软实力，我说叫"思想能不能烤出面包"。我觉得，一个民族是否真正强大，就看这个民族是不是有软实力。软实力其实就是文化及其价值观。

那么，犹太文化的软实力是什么呢？六句话概括：

> 第一句话，“作为一个犹太人，出现在任何地方都是不合时宜的。”
>
> 第二句话，“我的祖国就是我的打字机。”
>
> 第三句话，是维特根斯坦说的，“一个哲学家的真正归宿，是在火车站。”
>
> 第四句话，是马克思说的，“人所具有的，我都具有。”
>
> 第五句话，是弗洛伊德说的，“我们必须怀疑一切。”
>
> 第六句话，前半句我不知道谁说的，叫“真理可以使人获得自由”；后半句是我说的，“自由可以使人获得真理”。

这六句话我认为能够从哲学上概括犹太文化的软实力。

第一句话说，“作为一个犹太人，出现在任何地方都是不合时宜的。”因为犹太人从信仰上帝到信仰真理，再到信仰法律，这个过程是一个现代文明的完整转换过程。因为真理和上帝都是超验的，不信仰上帝怎么可能信仰真理呢？不信仰真理的人，怎么可能信仰法律呢？所以美国伟大的法学家伯尔曼写过一本书叫《法律与革命》，他说过这样一句话："法律必须被信仰，否则形同虚设。"这是一句法学界的名言，但是我们中国人信仰法律吗？我们中国人基本上没有法律意识，发生了任何事，首先想到的就是找关系。

去年爱新觉罗·蔚然出了一本书叫《粮民——中国农村会消失吗》，作序的是我和于建嵘教授。于建嵘教授是社科院三农问题研究中心的专家，他去了一趟中国台湾地区，曾在台湾作过这样一个调查，他问过至少100个台湾人，他说："如果有一天，你的房子不经允许被拆迁了你会怎么办？"台湾人说："不可能啊，怎么会不经我的同意就被拆迁了呢？"于建嵘说："假如可能呢？台湾人说假如可能我就找法官，找法院。"于建嵘又说："假如法院法官不受理你这个案子呢，或者受理了又不能公正判决，怎么办呢？"台湾人说："不可能，法院怎么可能那样呢"。于建嵘继续追问说："假如可能呢？"他们说："假如可能，我就找我自己的'议员'"。"'议员'如果不理你呢"？他说绝对不可能，"如果'议员'不理我的话，下次来我这儿拉选票，我就拿臭鸡蛋、西红柿把他打出去了，因为他代表我发言，就是'议员'"。而且这些'议员'唯恐天下不乱，一旦有事，他跑得特别勤，然后给你张罗，他就出名了，他就成为选民心中的英雄了，这样的话，他不仅可以连任，还可以当地区'议员'，一直到'国会议员’。所以‘议员’的动力特别强，他一定要为你说话。”所以，于建嵘先生回来后就讲过这样一句话，他说：一个真正和谐的社会，必须有四个条件：

第一，有公信力的法院；

第二，有代议制的政府；

第三，有真正开放的媒体；

第四，有明确的产权关系。

这样的话这个社会才能真正地和谐。所以他说整个社会，包括政府官员，需要的是智慧，我们政府官员经常用的是权力，而不是智慧；他说老百姓需要的是理智，而学者需要的是品格。

说到学者的品格，我们的许多学者没有品格，所以才会出现抄袭成灾。一个社会很多东西可以堕落，但是学院、医院、法院是不能够堕落的。这几个地方一旦堕落，社会就再也不能和谐。所以这里就涉及一个信仰问题，信仰真理和信仰法律的问题。

第二句话说，“我的祖国就是我的打字机。”因为犹太人几千年流离失所，无家可归，他们没有祖国，祖国就是打字机中的文章，就是回忆，所以每个人都要捍卫自己的回忆。所以他们有大屠杀纪念馆，因为通过这种回忆，通过这种对历史的记忆，每个人才能吸取教训。

我们中国人可悲的不是没有记忆，不是没有历史，而是我们没有史观。我们很多所谓的学者，其实是把历史庸俗化了。现在都是帝王热，什么明朝那些事儿、清朝那些事儿，历史都被娱乐化了。因为我们没有史观，所以就动不动拿历史的小故事来娱乐观众。一个有史观的人，在判断历史人物的时候，不应该把那些大人物的缺点给掩饰了，应该发现平凡中的不平凡，发现伟大中的渺小，不应该把小人物身上的优点统统贴在大人物身上，应该为那些被压迫的、被污辱的、被欺负的受害者，给他们一个出庭做证的权利，让他们对那些曾经伤害过他们的人进行批判。这样的一个史观，我觉得才是一个伟大的史观。而且我觉得我们不应该把那些血腥、暴力、黑暗、阴谋——这种历史中的教训，用来宣扬黑暗与阴谋的，我们更应该超越，让我们每一个人都能看到光明，看到温暖，看到智慧。这样的话，我们的历史才能进步，我们中国人才能真正走出历史的宿命。

一个犹太社会学家，叫西格蒙特·鲍曼，他说过这样一句话，他说主宰一个社会的有两种东西，一种是主流意识形态，一种就是大众文化，大众文化或者市民文化在主流意识形态的纵容之下，想方设法地让老百姓都变成快乐的猪。一旦老百姓变成快乐的猪以后，主宰这个社会的就变成了政客，他们就可以为所欲为，就可以贪污受贿，并堂而皇之，失去监督。而知识分子，就是中间的桥梁，一边要批权力腐败，一边又要批媚俗化、庸俗化。知识分子应该用他们的知识和智慧来武装人们的头脑，让世界感到温暖，感到关爱，这就是这句话带给我们的启迪。

我曾经在中山大学作过一次演讲，演讲中我对当代的中国作家和知识分子提了三个问题，凡是能够回答这三个问题的人，将来他的作品一定会有力量。哪三个问题呢?

第一个问题，我们的历史是一个什么样的历史，我们的现实是一个什么样的现实?

第二个问题，在这样一个野蛮的物质主义时代，我们每一个个体如何体现自己的价值?我们作品中的主人公，如何体现自己的价值?现在好多作品的主人公没有价值，没有灵魂，没有品格，没有智慧，都变成一些庸俗的、枯燥的、乏味的人，是娱乐化的。

第三个问题，面对这个时代的黑暗、苦难，以及弱势群体，我们究竟持什么样的态度写作?

卡夫卡说："我们每一个知识分子，一旦对黑暗和苦难闭上我们的双眼，让我们的耳朵不能听见的话，那罪恶的呼啸声就会呼呼而来，那么整个人类就将堕落。"我觉得捍卫正义、捍卫真理、捍卫科学、捍卫理性、捍卫智慧，是我们现在所应该重视的最大的事情。

第四句话说，“人所具有的，我都具有。”这是马克思的话，因为马克思也不是完人。每当他没钱的时候，恩格斯总是赞助他。有一次，恩格斯同居 40 年的女友去世了，恩格斯就给马克思写了一封信，告诉他这件事情。当时马克思太贫困了，就给恩格斯回信说：“哎呀，我没钱，能不能再给我寄点钱？”恩格斯当时看了这个回信非常难受，然后就不搭理马克思了。过了一段时间，马克思就反省自己，我对不起恩格斯啊。他回信说：“你知道没有债主讨债的夜晚是多么美好啊，我当时忘了问候悲伤的你了，太不应该了。”所以马克思后来说了一句话：“人所具有的，我都具有。”

第五句话，就是“我们必须怀疑一切”，这是科学精神的核心价值观。

第六句话，就是“真理可以使人获得自由，自由也可以使人获得真理”。最后我还想说这样一句话，作一个总结。其实任何人都不是真理和神圣的化身，任何人都不能保证自己所讲的话都是正确的。但是，我们每个人都有权利去发表和表达我们的观点和思想。所以，我要说的最后一句话就是，犹太人有一句格言：“人类一思考，上帝就发笑。”而我最后再补充一句就是：“人类不思考，上帝更发笑。”

图书在版编目（CIP）数据

智慧六讲：犹太人的精英教育 / 贺雄飞著. —北京:世界知识出版社，2016.1

（犹太智慧典藏书系）

ISBN 978-7-5012-5137-7

Ⅰ.①智… Ⅱ.①贺… Ⅲ.①犹太人-家庭教育 Ⅳ.①G78

中国版本图书馆CIP数据核字（2015）第320804号

责任编辑　张　萱
责任校对　马莉娜
责任出版　赵　玥

书　　名　**智慧六讲：犹太人的精英教育**
Zhihui Liujiang:Youtairen De Jingying Jiaoyu

作　　者　贺雄飞

出版发行　世界知识出版社
地址邮编　北京市东城区干面胡同51号（100010）
网　　址　www.ishizhi.cn
电　　话　010-65265923（发行）　010-85119023（邮购）
经　　销　新华书店
印　　刷　北京鑫海达印刷有限公司
开本印张　787×1092毫米　1/32　4⅛印张
字　　数　72千字
版次印次　2016年1月第一版　2016年1月第一次印刷
标准书号　ISBN 978-7-5012-5137-7
定　　价　25.00元